Andreas Dutschmann

Das Aggressions-Bewältigungs-Programm
ABPro

Aggressionen und Konflikte unter emotionaler Erregung

Deeskalation und Problemlösung

Manual zum Typ B des ABPro

Deutsche Gesellschaft für Verhaltenstherapie
Tübingen
2000
2. Auflage 2003

Dipl.-Psych.
Dr. Andreas Dutschmann
Danziger Straße 22
47533 Kleve

www.drdutschmann.de

Der Autor ist für Anregungen, Kritik und Ergänzungen jeglicher Art dankbar!

Die Deutsche Bibliothek - CIP-Einheitsaufnahme

Ein Titeldatensatz für diese Publikation ist bei der Deutschen Bibliothek erhältlich

dgvt-Verlag/Deutsche Gesellschaft für Verhaltenstherapie
Hechinger Straße 203
72072 Tübingen

Satz: VMR Monika Rohde, Bonn
Herstellung: fgb · freiburger graphische betriebe, Freiburg
www.fgb.de

ISBN 3-87159-345-1

Inhalt

Vorwort

Das vorliegende Manual wurde aus der Erfahrung des Autors im Umgang mit sehr schwierigen und oftmals hoch aggressiven Kindern als Teil des Aggressions-Bewältigungs-Programms entwickelt.

Nach einer über 20jährigen Entwicklung und professioneller Tätigkeit in vielen Bereichen der Schulpsychologie, Beratung, Kinderpsychotherapie und Kinder- und Jugendlichen-Neuropsychiatrie wird hiermit für das aktuelle Thema Aggression und Gewalt ein praktischer Handlungsansatz in verschiedenen, aufeinander bezogenen Seminar- und Trainingsmanualen vorgelegt. Die in dem Material vergegenständlichte Expertise liefert sowohl für das Verständnis der Entstehung und Eskalation von Aggression in Heuristiken neue theoretische Begründungen, als auch die zur zielgerichteten Intervention darauf basierenden angemessenen Handlungs-, Strategie- und Therapieempfehlungen.

Es ist erfreulich, daß es dem Autor gelungen ist, für diesen Bereich ein edukatives Programm zu entwickeln, das praktisch tätige Kinder- und Jugendlichen-Psychotherapeuten, Klinischen Psychologen und im Kinder- und Jugendbereich tätigen Erziehern und Ärzten im alltäglichen Umgang mit Kindern und Jugendlichen in die Lage versetzen kann, gezielter und flexibel mit dem Problemen verschiedener Arten aggressiven Sozialverhaltens umzugehen.

In Zusammenarbeit mit dem Institut für Angewandte Psychologie der Universität Leipzig wurde das Programm (Seminarversion) einer Evaluation unterzogen, die u.a. zu folgenden Ergebnissen geführt hat:

- Das Programm trifft bei allen relevanten Berufsgruppen auf hohe Akzeptanz.
- Die Auswirkungen auf die prospektiven Kompetenzerwartung von Seminarteilnehmern ist hoch.
- Teilnehmer berichten über deutlichen Zuwachs an subjektiver Handlungskompetenz.

Damit bietet das Programm Anwendern aus verschiedenen Berufsgruppen eine fundierte Arbeitsgrundlage zum Zwecke der Beratung, zur Planung von gezielten Interventionen, und zur Evaluation und Supervision im Umgang mit aggressiven und gewalttätigen Verhalten.

Die Kinder und Jugendlichen, sowie deren Eltern, die dem Autor in seiner Arbeit begegnet sind, erfüllten das Anliegen mit Leben und regten immer wieder zu Veränderungen an. Zahlreiche Fachleute nahmen bereits an den Seminaren des Autors teil, sie erhielten durch Seminar und Training nicht nur neue flexiblere Handlungsanleitungen für den Umgang mit aggressiven Kindern, sondern sie regten den Autor auch an, verwiesen auf die Relevanz seiner Entwicklungsarbeit und gaben die notwendige Inspiration, daß dieses Programm in all seinen Modulen heute vorliegt. Bei der Entwicklung des Programmes unterstützten den Autor viele Personen, ein Dankeschön allen und besonders der Ehefrau des Autors für die langjährige Begleitung des Projektes bis heute.

Konrad Reschke
Universität Leipzig
September 1999

Zielsetzung

Dieses Manual, als Teil des **Aggressions-Bewältigungs-Programmes-ABPro,** beschäftigt sich praxisnah mit der Frage, wie aggressives oder ähnliches störendes Verhalten von Kindern und Jugendlichen gesteuert und beeinflußt werden kann. Der Schwerpunkt liegt dabei auf Verhaltensweisen, *bei denen akute emotionale oder physiologische Erregung eine wichtige Rolle spielt.*

Es richtet sich an MitarbeiterInnen von therapeutischen, heilpädagogischen und pädagogischen Einrichtungen. Es ist aber auch für interessierte Laien und Laienhelfer geeignet. Sie sollen in die Lage versetzt werden, Vorgänge möglichst rasch zu erkennen, angemessen zu bewerten, zielgerichtet zu agieren und zu reagieren. Das Wissen um die Zusammenhänge und die Gewißheit, über eine große Zahl von Lösungsmöglichkeiten zu verfügen, wirkt sich nachweislich positiv auf die Problemlösekompetenz aus (vgl. u.a. Bandura 1977, Dörner et al. 1983).

Das **ABPro** und somit auch das vorliegende Manual hat sich darüber hinaus als gemeinsame Arbeitsgrundlage für alle mit dem Problem befaßten Berufsgruppen bewährt.

Es liegt auf der Hand, daß die bloße Lektüre einer Informationsschrift über ein so komplexes Problem nicht ausreicht, um alle in der Praxis damit verbundenen Vorgänge in den Griff zu bekommen. Das Manual ist deshalb auch ein Trainingsprogramm. In diesem Sinne kann es als Fort- und Ausbildungsgrundlage genutzt werden. Es dient aber auch als Hilfsmittel, konkrete Probleme der Praxis zu reflektieren, unter Einbeziehung der *eigenen* emotionalen Beteiligung. Letztere kann sich in der akuten Situation erheblich auf die Problemlösekompetenz auswirken.

Bezeichnungen wie „Pädagoge“, „Erzieher“ etc. sind im folgenden als geschlechtsneutrale Berufsbezeichnung zu verstehen.

1 Die A-B-C-Typologie und die Erregungskurve

Es wird immer wieder betont, daß es im Umgang mit Verhaltensauffälligkeiten keine Patentrezepte gebe und daß jeder Fall anders gelagert sei. Das ist in gewisser Weise richtig, legt aber den Gedanken nahe, daß es keinerlei Regeln und Gesetzmäßigkeiten im menschlichen Verhalten gibt.

Betrachtet man diese sorgfältig unter bestimmten Blickwinkeln, wird man merken, daß es dennoch Möglichkeiten gibt, sie einer Systematik zu unterwerfen und daraus Regeln für den Umgang mit ihnen abzuleiten.

Ein solcher Blickwinkel ist das akute Ausmaß der an der Aggressionshandlung beteiligten Erregung, insbesondere der emotionalen Erregung.

Es gibt Aggressionen, die relativ „cool“, ohne sichtliche Erregung als Instrument zum Erreichen von Zielen und/oder Erlangen von Vorteilen eingesetzt werden.

Andere Aggressionen hingegen werden durch mehr oder weniger hohe Erregung ausgelöst oder begleitet. Sie sind eher der Ausdruck einer Befindlichkeit, vielleicht einer Notsituation. Zielgerichtetheit steht eher im Hintergrund.

Im Extremfall kommt es zu heftigen, völlig ungesteuerten Erregungsausbrüchen mit Gefährdung von Menschen und Sachen.

1.1 Die A-B-C-Typologie

Aus praktischen Gründen kann man in diesem Sinne zwischen drei Typen von Aggressionshandlungen unterscheiden. Sie sind in Zusammenhang zu bringen mit spezifischen Konfliktarten.

Aggression vom Typ A (instrumenteller Typ)
ist der Versuch, gezielt und/oder geplant, anderen Menschen zur Erlangung eines persönlichen Vorteils Schaden zuzufügen.

Konflikte entstehen dadurch, daß die Akteure – die „Täter“ – die Opfer attackieren. Das kann in körperlicher oder verbaler Form geschehen. In diese Kategorie fallen auch gezieltes Ausmanövrieren, Intrigieren und Mobben.

Beweggründe für solche Verhaltensweisen sind überwiegend Machtwünsche, Durchsetzen von Besitzansprüchen, Lust an Effekten, Wunsch im Mittelpunkt zu stehen. Emotionen spielen insofern eine Rolle, daß die Täter die emotionalisierende Wirkung ihres Verhaltens häufig bewußt in Rechnung stellen. Sie wollen ihr Opfer in Angst versetzen, sie emotional verletzen.

Aggression vom Typ B (Emotionstyp)
ist ein durch Erregung bzw. Emotionen hervorgerufenes und/oder begleitetes Verhalten zum Abbau von Spannung und zur Abwehr bedrohlicher Reize, wobei die Schädigung eines anderen in Kauf genommen wird.

Konflikte entstehen folglich eher dadurch, daß die Beteiligten meinen, auf bestimmte Bedingungen reagieren zu müssen: Einengung ihrer Freiheit, Verteidigung von Besitzansprüchen, Ehrverletzungen und alle anderen Arten von Frustrationserlebnissen.

Es kann sich dabei um objektive Bedingungen handeln. Mitunter entstehen entsprechend Erlebnisse aber auch durch Mißverständnisse, Fehldeutungen und Kommunikationsprobleme.

Häufig besteht bei den Betroffenen ein Leidensdruck oder zumindest der Wunsch, der Konfliktsituation zu entgehen.

Aggression von Typ C (Erregungstyp)
ist ein durch hohe Erregung hervorgerufenes, weitgehend ungesteuertes Verhalten mit schwerer Gefährdung von Menschen und Sachen.

Verhaltensweisen vom Typ C können sich aus nicht oder unbefriedigend gelösten Konflikten ergeben. Da es sich aber lediglich um die Entladungen von Spannungen handelt, kann auch bei der Beteiligung mehrerer Personen nicht von echten Konflikten gesprochen werden.

1.2 Die Erregungskurve

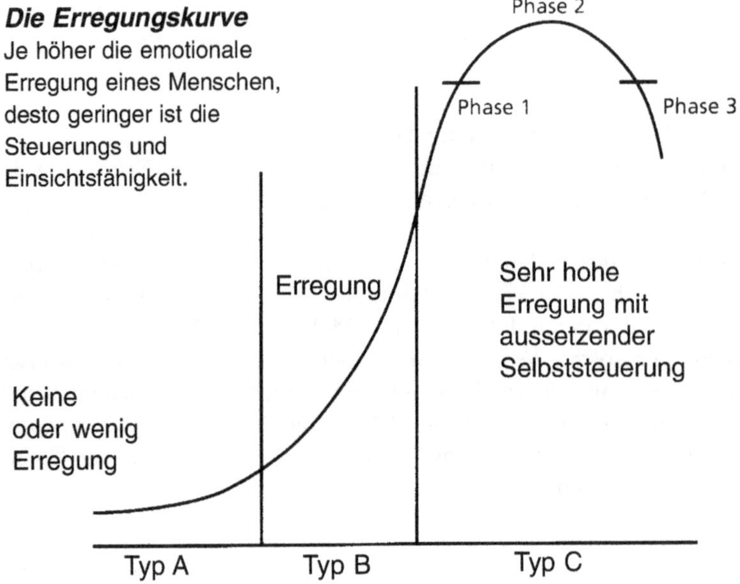

Als Hilfsmittel zur Einordnung konkreter Verhaltensweisen und zum Finden von Lösungsmöglichkeiten dient auch die *Erregungskurve.* Sie ist insbesondere im Zusammenhang mit Typ B und C hilfreich. Die Kurve zeigt zunächst, daß es fließende Übergänge bei den Typen gibt und daß es innerhalb eines Typs verschiedene Ausprägungen geben kann, auf die man sich in der Praxis einstellen muß.

Die Erregungskurve soll im Wesentlichen aber immer wieder auf die Tatsache aufmerksam machen, daß Erregung, die in der Regel von mehr oder weniger starken Emotionen begleitet ist, Auswirkungen auf Erleben und Verhalten des Menschen hat. Je nachdem, wie hoch diese Erregung ist, wird man seine Interventionsversuche entsprechend gestalten müssen.

1.3 Erste praktische Schlußfolgerungen aus der Typologie und der Erregungskurve

Diese beiden Hilfsmittel (Heuristiken) machen bewußt, daß flexibel auf Aggressionshandlungen eingegangen werden muß. Im Wesentlichen sind dabei folgende Strategien und Grundlagen zu beachten:

Umgang mit Verhaltensweisen vom Typ A:
Bei Verhaltensweisen vom Typ A muß versucht werden, dem Kind oder Jugendlichen das Erfolgserlebnis zu entziehen. Jede erfolgreiche Aggressionshandlung erhöht die Wahrscheinlichkeit, daß unangemessenes Verhalten auch in Zukunft gezeigt wird.

Gleichzeitig muß dem Kind/Jugendlichen – und das ist eigentlich noch wichtiger – geholfen werden, alternative, sozial akzeptable Verhaltensweisen zu erlernen.

Weiteres s. **Manual des ABPro zum Typ A: Verhaltenssteuerung bei aggressiven Kindern und Jugendlichen.**

Umgang mit Verhaltensweisen vom Typ B:
Bei Verhaltensweisen vom Typ B geht es in erster Linie darum, die emotionale Erregung so zu verringern, daß eine konstruktive Problemlösung möglich wird. In der Praxis sollte man sich dabei immer die Erregungskurve vor Auge halten und sich bewußt sein, daß bei hoher Erregung Problemlöseversuche, die auf Einsicht und Kooperationsbereitschaft beruhen, meistens wirkungslos sind. In vielen Fällen erhöhen z.B. Gespräche über aktuelle Konflikte eher noch das Problem. Nach Abklingen der Erregung bestehen dagegen bessere Möglichkeiten der Problemlösung. Erstes Ziel der Interventionsversuche ist hier also eine Verringerung der aktuellen emotionalen Erregung, dann die Problemlösung.

Umgang mit Verhaltensweisen vom Typ C:
Verhaltensweisen vom Typ C müssen, wie schon in der Erregungskurve angedeutet, differenziert betrachtet werden. Hauptziel ist, es, daß man bereits in der Phase 1 (Eskalationsphase) erkennt, daß sich eine gefährliche Situation anbahnt, die vermieden werden muß. Sollte dies nicht gelingen, tritt also Phase 2 (höchste Erregung) ein, sind Sicherheitsmaßnahmen vorrangig. Pädagogische Beeinflussungsversuche sind in

der Regel sinnlos, mitunter sogar gefährlich. Wird Phase 3 (Entspannungsphase) erreicht, braucht das Kind einfühlsame Begleitung.

Weiteres s. **Manual des ABPro: Aggressivität und Gewalt bei Kindern und Jugendlichen.**

1.4 Grenzen der Typologie

Die Typologie erlaubt es, die Vorgänge so zu ordnen, daß einerseits die Komplexität der Zusammenhänge berücksichtigt, andererseits aber auch ein gewisser Überblick gewahrt wird. Für die akute Situation können Tips für ein gezieltes pädagogisches Handeln abgeleitet werden.

Die Typologie hat aber auch ihre Grenzen!

Zunächst muß man die Übergänge zwischen den Typen im Auge behalten. Mischformen sind sehr häufig. Man muß deshalb jeweils abwägen, welche Form am ehesten vorliegt. Daraus braucht sich nicht unbedingt ein Widerspruch zu ergeben. Es ist ja durchaus sinnvoll, auf die Emotionen des Kindes einzugehen (Typ-B-Anteil). Man kann aber gleichzeitig darauf achten, ob das Kind Erfolgserlebnisse mit seinem Verhalten verbucht (Typ-A-Komponente).

Dadurch könnte ein ursprünglich „echtes" Typ-B-Verhalten vom Kind bald im Sinne von Typ-A eingesetzt werden.

Beispiel:
Achim (12) ist in einem Heim untergebracht. Er fühlt sich isoliert und alleingelassen, ohne intakte Familie. Wahrscheinlich dadurch hat er eine emotionale Labilität entwickelt und neigt zu Aggressionen. Es entstehen immer wieder Konflikte. In den Problemlösegesprächen kommt er ständig auf seine desolate familiäre Situation zu sprechen. Seine Bezugspersonen werden dadurch milde gestimmt. Sie zeigen viel Verständnis und sehen von negativen Konsequenzen in der Regel ab.
Achim lernt allmählich, daraus Kapital zu schlagen. Wenn er Probleme im Heim hat, rennt er neuerdings weg. Er klingelt nachts bei wildfremden Leuten. Unter Tränen erzählt er ihnen, er sei aus dem Heim ausgerissen, weil er dort mißhandelt werde. Da er keine Eltern mehr habe, könnte ihn auch niemand beschützen. Die Mitarbeiter des Heimes haben es schwer, die empörten Anrufer zu beschwichtigen. Inzwischen ist Jugendamt und Heimaufsicht tätig geworden. Achim erlangt dadurch erhebliche Aufmerksamkeit und hat das Gefühl, einiges bewirken zu können.

Ein Typ-B-Verhalten kann auch in Typ C umschlagen, wenn die Emotionen außer Kontrolle geraten.

Hat ein Kind mit einem gezielten Typ-A-Verhalten keinen Erfolg, kann es sich darüber so in Wut steigern, daß auch hier ein Typ-C-Verhalten ausgelöst wird.

Manchmal merken insbesondere kräftigere Jugendliche, daß sie mit ihrem C-Verhalten Angst auslösen können und setzen es gezielt ein, bzw. drohen damit, daß sie „gleich ausflippen". Das Verhalten bekommt somit instrumentellen Charakter (Typ A).

Beispiel:
Sülfikar (16) stammt aus der Türkei und spricht nicht besonders gut deutsch. Das mag eines der Gründe sein, weshalb er sehr empfindlich reagiert. Ständig fühlt er sich in der Heimeinrichtung zurückgesetzt und führt das auf seine Herkunft zurück. Aus geringfügigsten Anlässen rastet er bisweilen aus. Er schlägt hemmungslos um sich. Er weiß um seine Schwäche und bemüht sich um Beherrschung.
Fühlt er sich einer Situation aber nicht gewachsen, kann er sich z.B. nicht durchsetzen, kündigt er an, er werde wohl gleich ausflippen und könne nichts dagegen tun. Dabei rollen seine Augen, die Stirn ist gerunzelt, der ganze Körper wirkt angespannt. Da er inzwischen sehr kräftig geworden ist mit breiten Schultern und riesigen Fäusten, verbreitet er unter den Erzieherinnen Angst. Sie bemühen sich meistens, ihn zu beruhigen, was ein Nachgeben einschließt. In Gegenwart weniger ängstlicher Betreuer zeigt er das Verhalten hingegen nicht.

Raum für Notizen

2 Der Typ B

Hauptziel des **ABPro** ist es, dem Praktiker eine Vielzahl von Anregungen zu bieten. Die hier dargestellten Strategien sollen dazu beitragen, daß wichtige Aspekte im Zusammenhang mit emotionalen Problemen berücksichtigt und einzelne Techniken gezielt angewendet werden.

Bei aller Systematik ist aber auch Flexibilität gefragt. Es kommt immer darauf an, *die richtige Methode im richtigen Moment und in situationsgerechter Variation* einzusetzen. Wichtig ist aber auch, daß einzelne Methoden mit den beteiligten Personen „kompatibel" sind. Das heißt, man muß auch die Eigenarten der betroffenen Kinder bzw. Jugendlichen berücksichtigen. Verbal weniger wendige Kinder mit verbalen Problemlöseversuchen zu überschütten wird eher Widerstand hervorrufen.

Große Probleme wird man haben, wenn man versucht, eine „Masche" durchzuziehen. Wer im Zusammenhang mit jedem Konflikt z.B. nur nach der Methode von Gordon arbeitet oder in einseitiger und schematisch vorgegebener Weise Ursachenforschung betreibt, gerät wesentlich schneller an seine Grenzen als jemand, der die Komplexität der Realitäten anerkennt und eine Vielzahl Lösungen zur Verfügung hat.

Es ist aber auch denkbar, daß bestimmte Methoden nicht den Bedürfnissen und Fähigkeiten mancher Betreuer entsprechen. Krampfhaft eine Technik umsetzen zu wollen, hinter der man nicht steht, wirkt unecht und unglaubwürdig.

Die dargestellten **Strategien** sind somit als *Gerüst* zu verstehen, an dem man sich orientieren kann, die man aber im konkreten Fall nicht sklavisch umsetzen muß. Die Lösung vor Ort muß letztlich jeder für sich finden. Dabei darf man keine Angst haben, Fehler zu machen. Man muß aber auch den Mut haben, sein Handeln zu hinterfragen und zu korrigieren:

Strategie 1:
Berücksichtige die Auswirkung emotionaler Erregung auf Verhalten, Wahrnehmen und Denken
Das Wissen um die Auswirkung von Emotionen ist zwar keine hinreichende aber eine notwendige Bedingung für den Umgang mit emotionalen Konflikten. Dabei ist immer daran zu denken, daß dieses Wissen sich *auch auf die eigenen Emotionen* bezieht.

Strategie 2:
Unterscheide zwischen instrumentellen und echten Emotionen
Emotionen oder emotional erscheinende Verhaltensweisen können durchaus gezielt und in manipulativer Absicht eingesetzt werden. Wenn man dies nicht erkennt, kann man durch wohlgemeinte Hilfsangebote Schaden anrichten.

Strategie 3:
Passe eingesetzte Methoden flexibel den jeweiligen Bedingungen an
Besonders im Zusammenhang mit Emotionen darf nicht vergessen werden, daß Verhaltensweisen *Prozesse* und keine statischen Zustände sind. Strategien und Techniken müssen deshalb ständig den Gegebenheiten angepaßt werden.

Strategie 4:
Führe Entspannung und Beruhigung herbei
Wenn dies gelingt, ist häufig auch das aktuelle Problem gelöst. Ziel ist Deeskalation bis zu einem Zustand, in dem man mit den Betroffenen wieder „vernünftig" reden kann.

Strategie 5:
Rege Kommunikation an

und

Strategie 6:
Halte Kommunikation aufrecht
Wichtig ist es, dann man die komplexen Bedingungen verbaler und non-verbaler Kommunikation berücksichtigt. Unterschätzt werden oft die Möglichkeiten, die sich aus letzterer ergeben.

Strategie 7:
Bearbeite und löse Probleme
Die Lösungen sollten so geartet sein, daß möglichst alle Beteiligte als Gewinner aus dem Konflikt hervorgehen.

2.1 Strategie 1: Berücksichtige die Auswirkung emotionaler Erregung auf Verhalten, Wahrnehmen und Denken

Auf drei Aspekte ist im Rahmen dieser Strategie zu achten. Sie stehen in einem engen Zusammenhang miteinander:

1. Beobachte und beeinflusse ggf. das Aktivationsniveau
2. Rechne mit der Beeinflussung der Wahrnehmung, Bewertung und Problemlösekompetenz durch Emotionen
3. Verhindere den Verlust eigener Professionalität unter dem Einfluß von Emotionen

2.1.1 Beobachte und beeinflusse ggf. das Aktivationsniveau

Emotionen haben starke Auswirkungen auf die *Aktivation.*

Aktivation ist ein komplexer Prozeß oder Zustand, der physiologische, motorische und emotionale Komponenten besitzt. Alle drei Komponenten stehen im engen Zusammenhang und können sich gegenseitig beeinflussen.

Beispiele:

- Vater tobt am Abend mit seinen Kindern. Aus der fröhlichen mit Gelächter verbundenen Balgerei (= motorische Aktivation) entwickelt sich plötzlich eine ernsthafte Auseinandersetzung. Die Kleinen reagieren empfindlich und übererregt aufeinander (= emotionale und physiologische Aktivation).

- Sandra gerät in eine emotional geführte Auseinandersetzung mit ihrem Bruder (= emotionale Aktivation). Nach einigen Minuten rennt sie erregt aus dem Zimmer, knallt Türen und schlägt gegen die Wand (= motorische Aktivation).

- Herr M. ist Erzieher. Er hat gerade einige Mißerfolgserlebnisse hinter sich und fühlt sich deprimiert (= emotionale Aktivation). Heute entgleitet ihm die Gruppe. Er deutet dies im Gegensatz zu seinen sonstigen Gewohnheiten, aber unter Einfluß seiner akuten Stimmung als Beweis für seine Unfähigkeit (= kognitive Komponente). Er reagiert erregt auf die Gruppe (= physiologische und emotionale Aktivation).

Grundsätze und Regeln im Zusammenhang mit der Aktivation:

➢ Optimal ist ein mittlerer Grad von Aktivation.
➢ Achte auf Zeichen von zu geringer Aktivation.
➢ Zu geringe Aktivation bewirkt Langeweile. Es besteht die Gefahr unkontrollierter Reizsuche z.B. durch Provokationen.
➢ Reagiere darauf mit konstruktiven aber geregelten und kontrollierten Aktivationsversuchen, z.B. durch Medienwechsel (Rollenspiel statt Frontalunterricht, Bewegung statt diskutieren etc.).
➢ Registriere Zeichen für Überaktivation besonders im Gruppenkontext.
➢ Zu hohe Aktivation führt
a) zu heftigen, impulsiven, mitunter hemmungslosen Verhalten
b) zu Überempfindlichkeit gegenüber bestimmten für die Situation relevante Reize.
➢ Sorge bei Überaktivation für einen gezielten und kontrollierten Abbau des Erregungspotentials (z.B. regelgeleitete sportliche Aktivitäten).

Ein *mittlerer Grad von Aktivation* und Emotion hebt Motivation und/oder Betroffenheit.

Was ein mittlerer und somit optimaler Grad von Aktivation ist, hängt vom aktuellen Kontext ab. Bei einem Fußballspiel wird dieser im motorischen Bereich größer sein als beim Lösen einer Mathematikaufgabe. Bei letzterer ist dagegen kognitive Aktivation gefragt. Zuwenig körperliche Aktivation beim Fußball bewirkt ein langweiliges Spiel und eine verminderte Siegchance. Zu hohe Aktivation verleitet zu übermäßiger Härte, zu Fouls und unüberlegtem Spiel.

Meistens versuchen Menschen außerhalb ihrer Ruhe- und Erholungsperioden von sich aus, einen gewissen Aktivationsgrad aufrechtzuerhalten. Langweilen sich Kinder z.B., sind sie in ihren Bewegungsdrang eingeengt, versuchen sie, diesen Zustand zu entkommen.

Einengung ist zudem frustrierend. Ist man frustriert, erhöht sich die Aggressionsneigung. Zu geringe Aktivation und geringe Frustrationstoleranz führen zu Aggressionshandlungen, deren Auswirkungen die Langeweile durchbrechen (= TYP-A-Verhalten).

Eingeschränkte Aktivation kann auch durch extreme Gefühle von Angst, Depression oder Entmutigung bewirkt werden. Dies kann regelrecht *lähmend* wirken. Der Antrieb ist verringert, das Denkvermögen ist verlangsamt und somit die Fähigkeit, mit komplexen Problemen umzugehen, eingeschränkt.

Extreme Erregung kann dagegen zu *zielloser Aktivation* führen. Man handelt reflexartig, schnell, heftig aber auch planlos und unüberlegt. In einem solchen Zustand wird man deshalb Schwierigkeiten haben, mit komplexeren Problemen umzugehen. Für den Außenstehenden wirkt das Verhalten aggressiv, provozierend. Der Betroffene bemerkt dies jedoch u.U. gar nicht. Im Gegenteil, er meint, nur auf die Aggressivität des anderen zu reagieren.

Auf sonst als harmlos eingestufte Berührungen, Blicke und Bemerkungen wird überempfindlich reagiert. Sie werden in der Erregung als provokativ und bedrohlich aufgefaßt. Hat ein Kind es gern, in den Arm genommen zu werden, wird es dies unter hoher Erregung und Aktivation u.U. als Aggression auffassen.

Depressionen bei Kindern und Jugendlichen

26% der Frauen und 12% der Männer machen in ihrem Leben mindestens einmal eine behandlungsbedürftige depressive Episode durch. Dabei wird übersehen, daß auch Kinder und Jugendliche nicht davor gefeit sind, wobei ähnlich wie bei den Erwachsenen, Mädchen besonders anfällig sind. Die Betroffenen brauchen therapeutische Hilfe, die ihnen oft versagt bleibt, weil Eltern und Betreuer die Symptome falsch einordnen oder unangemessen auf das Problem reagieren.

Die Hauptsymptome äußern sich durch einen bleibenden Stimmungswechsel und einer Veränderung in der Affektivität, häufig verbunden mit Angst. Meistens kommt es zu einem Wechsel des Aktivationsniveaus.

Kinder zeigen häufig Schlafstörungen und Appetitmangel. Äußerlich fallen sie bisweilen durch eine wenig differenzierte, steif wirkende Gesichtsmotorik und einen traurigen Gesichtsausdruck auf. Sie sprechen langsam und monoton. Ihre Gestik ist eingeschränkt. Sie haben wenig Interesse an Spielen, besonders solchen, die mit Bewegung verbunden sind. Wie auch bei Jugendlichen und Erwachsenen kommt es oft zu Müdigkeit und mangelnden Antrieb.

Fortsetzung nächste Seite

Bei Jugendlichen beobachtet man oft Ruhelosigkeit. Sie haben schlechte Laune, zeigen emotionale Labilität und neigen zu Aggressivität. Häufig reagieren sie sehr empfindlich. Besonders emotionale Zurückweisungen, z.B. im Zusammenhang mit einer ersten Liebe werden als sehr schwerwiegend empfunden. Es besteht eine erhebliche Kritikintoleranz. Es kann zum Rückzug von sozialen Aktivitäten mit Isolierung kommen. Mitunter besteht der Wunsch, das Elternhaus zu verlassen.

Zu rechnen ist mit antisozialen Verhaltensweisen und Drogenkonsum.

Ein Großteil dieser Symptome können auch im Zusammenhang mit anderen psychopathologischen Störungen vorkommen. Die Diagnose muß deshalb zwingend von einem klinischen Psychologen bzw. Psychotherapeuten gestellt werden.

Die Ursachen für Depressionen sind vielfältig. Nach dem jetzigen Stand der Forschung kann davon ausgegangen werden, daß eine gewisse erbliche Veranlagung besteht. Umweltbedingungen spielen aber, wie meistens bei psychischen Erkrankungen, eine wichtige Rolle für Ausbruch und Schwere der Erkrankung.

Unbestritten ist heute der Einfluß von Botenstoffen im Gehirn (Neurotransmitter), wobei ein Mangel an Noradrenalin und Serotonin ein besonders wichtige Rolle spielt.

Dies zeigt schon, daß „normale" pädagogische Beeinflussungsversuche in der Regel keinen Erfolg haben können. Das Ausüben von Druck, Verhängung von Strafen (z.B. bei der Vernachlässigung schulischer Pflichten) oder unprofessionelle Konfliktgespräche können das Problem eher verschlimmern. Fachlicher Rat ist auf jeden Fall einzuholen.

Hoch aktivierte Menschen zeigen insbesondere im Gruppenkontext Auffälligkeiten. Es kommt mitunter zu Verhaltensweisen, die man den Kindern und Jugendlichen in der Einzelsituation nicht zutraut. Liebenswürdige Jugendliche zerstören z.B. unter dem Einfluß einer aktivierten Gruppe Telefonhäuschen oder berauben Rentner.

Das Verhalten aktivierter Individuen oder Gruppen kann mit rationalen Mitteln, wie Ermahnungen etc. nur schwer oder nicht gesteuert werden.

Steuerungsmöglichkeiten ergeben sich häufig nur noch durch das Bieten klarer und kräftiger Signale, starke Kontrolle und durch gezieltes kontrolliertes Abbauen der Überaktivation, z.B. durch relativ disziplinierte sportliche Aktivitäten *(s.a. S. 41 Strategie 4: Führe Entspannung und Beruhigung herbei).*

Denkmuster akut und chronisch depressiver Menschen

Beck et al. (1996) haben bei depressiven Menschen eine Reihe von Denkfehlern identifiziert, die erfahrungsgemäß auch bei nicht-depressiven Menschen, die sich akut in einer niedergedrückten negativen Stimmung befinden, auftreten können:

Fortsetzung nächste Seite

Willkürliche Schlußfolgerungen:
Schlußfolgerungen sind objektiv nicht begründbar, häufig sogar klar zu widerlegen. Das bezieht sich z.B. auf die Interpretation des Verhaltens anderer Menschen:
„Peter hat heute nicht mit mir gespielt, also mag er mich nicht"
„Du willst mich ja nur trösten, weil ich ein hoffnungsloser Fall bin!"

Selektive Abstraktion
Es werden nur negative Einzelheiten gesehen.
Beispiel:
Kerstin (17) ist ein hübsches Mädchen. Sie hat Minderwertigkeitsgefühle, weil sie ein paar Pickel hat. Sie weiß, daß die meisten Menschen – auch die Jungs – sie als hübsch empfinden, das beruhigt sie aber nicht, hält sich generell für häßlich.

Übergeneralisierung
Aus Einzelereignissen werden weitreichende Schlußfolgerungen gezogen. Unsere Kerstin hat wegen ihres Minderwertigkeitsgefühls auch Probleme, auf andere Menschen zuzugehen. Sie wirkt deshalb manchmal abweisend. Obwohl ihr die meisten Verwandten und Freunde Sympathie signalisieren, leidet sie darunter, hält das für einen Beweis ihrer sozialen Inkompetenz.

Maximierung und Minimierung
In der Therapie macht Kerstin Fortschritte. Sie hat es inzwischen geschafft, alleine einkaufen zu gehen. Dieses positive Ereignis wird minimiert – dies sei ja noch nichts Besonderes. Das aus ihrer Sicht Negative wird maximiert: Sie sei rot geworden, als sie den Verkäufer angesprochen habe. Dies sei eine **Katastrophe!**

Personalisierung
Ihre Eltern haben Eheprobleme. Sie gibt **sich** die Schuld.
Kerstin neigt dazu, sich selber Schuld zuzuweisen. Sie ist **intropunitiv** (Rosenzweig, 1944, S. 19). Viele Menschen mit dieser Problematik neigen aber auch zu einer **extrapunitiven** Schuldzuweisung. Sie geben anderen die Schuld: Die Eltern haben ihr nicht immer Liebe signalisiert, deshalb sei sie jetzt unglücklich *(= Willkürliche Schlußfolgerung; s. o.).*
Vater arbeite zwar bis zum Umfallen, damit die Familie, also auch sie, gesichert ist, er hatte aber gestern keine Zeit für sie. Das war **schrecklich!** (= selektive Abstraktion; s.o.).
Das ist eben typisch Mann (= *Übergeneralisierung*; s.o.).
Die Eltern bemerken, daß sie sich unglücklich fühlt und bemühen sich um sie. Das ist zuwenig (= *Minimalisierung*; s.o.). Wahrscheinlich ist das nur wegen ihres schlechten Gewissens (= *Maximalisierung*; s.o.).
Die Eltern sind also Schuld an Kerstins Problem (= *Personalisierung, extrapunitive Version*). Das ist frustrierend. Warum soll man sich über die Gefühle und Motive von schuldigen Menschen Gedanken machen. Sie verdienen es, attackiert zu werden: Die Gesellschaft, die Eltern, die Männer, die ... Wenn man selber genug leidet, hat man mit sich selbst genug zu tun. Die Gefühle und Interessen anderer Menschen sind weniger von Bedeutung.

2.1.2 *Rechne mit der Beeinflussung der Wahrnehmung, Bewertung und Problemlösekompetenz*

Grundsätze und Regeln:

- Eindrücke, die sich unter dem Einfluß von Emotionen ergeben, sollten zu einem anderen Zeitpunkt in neutraler Stimmung überprüft werden.
- Emotionen können die Fähigkeit zum professionellen Umgang mit komplexen Problemen beeinträchtigen.
- Fälle deshalb nie Entscheidungen unter dem Einfluß von Erregung. Das gilt auch für pädagogische Situationen. „Überschlafe" ggf. die Problemlösung.

Emotionen färben die Wahrnehmung. Fakten werden durch eine *emotionale Brille* wahrgenommen und ggf. in ihrer Bedeutung überbewertet, unterbewertet oder verzerrt.

Es ist z.B. eine allgemeine Erfahrungstatsache, daß unter dem Einfluß von Kummer, Angst und Wut die Realitäten anders interpretiert werden als in einer entspannten Stimmung. Dann erscheinen die Tatsachen oft weniger bedrohlich.

Unter starker Erregung ist die Fähigkeit, mit komplexeren Problemen umzugehen, eingeschränkt. Problemlösungen sind eindimensional, ggf. heftig, impulsiv, unüberlegt. Man neigt zum „Durchgreifen" und zu harten Konsequenzen, die man dann meistens doch nicht durchhalten kann.

Man kann Kinder durch Bieten von Angstreizen durchaus zum Erledigen der Hausaufgaben oder zur Mitarbeit im Unterricht zwingen. Mit Sicherheit wird dadurch aber die Fähigkeit zu denken und zu verstehen verringert. Die Methode hilft lediglich bei einigen mechanischen Aufgaben, die keinen intellektuellen Aufwand erfordern.

Handelt es sich bei den kognitiven Einschränkungen um Auswirkungen akuter Emotionen, reicht meistens ein geschicktes Situationsmanagement mit dem Ziel der emotionalen Deeskalation bzw. Beruhigung.

Es ist aber auch denkbar, daß es sich um überdauernde Denkmuster handelt, die sich entweder aus einer negativen unpragmatischen Weltsicht oder aber aus Depressionen (oder beiden) herleiten. In solchen Fällen muß therapeutisch gearbeitet werden. *(S. a. Kästen Depressionen bei Kindern und Jugendlichen S. 22 und Denkmuster akut und chronisch depressiver Menschen S. 23.)*

2.1.3 *Verhindere den Verlust eigener Professionalität unter dem Einfluß von Emotionen*

Emotionen sind ansteckend. Im Verlauf eines emotional ausgetragenen Konfliktes verliert man deshalb leicht die Kontrolle über sich. Aufgeregtheit und starke Betroffenheit können einen *Kompetenzverlust* mit sich bringen. Man handelt dann nicht mehr als pädagogischer Experte sondern als „normaler Mensch". Das kann zur Folge haben, daß die Kontrolle entgleitet und man selbst ein *passives Objekt* oder Opfer der Ereignisse wird.

Hat es der Betreuer mit Verhaltensweisen vom *Typ A* zu tun, muß er davon ausgehen, daß es die Kinder darauf angelegt haben, ihn zu provozieren. Man wird leicht zum *Opfer.*

In pädagogischen Einrichtungen werden neue Mitarbeiter gern von den Kindern und Jugendlichen auf diese Weise „getestet“. Läßt man sich durch Provokationen aus der Ruhe bringen, hat man verloren und wird in der Hierarchie – so wie sie von den Jugendlichen wahrgenommen wird – sehr niedrig rangieren. Man hat mangelnde Souveränität und Schwäche gezeigt.

Es ist für Kinder mitunter ein ungeheurer Spaß, Erzieher auf diese Weise aus dem Gleichgewicht zu bringen. Sie können außerdem vor der Gruppe ihren Mut und Stärke beweisen.

Dazu ein Beispiel:
Frau P. ist Erzieherin und leitet eine Gruppe von vier verhaltensauffälligen Mädchen.
Heute hat sie ein großes persönliches Problem. Sie weiß, daß sie dadurch in einer labilen psychischen Verfassung ist und sehr sensibel reagiert. Nachdem sie einige Male etwas lauter – aber erfolglos – auf die Provokationen der Mädchen reagiert hat, bittet sie um Verständnis. Sie sei heute nicht so gut drauf. Für Marianne (16) ist das ein Signal, ihre Verhaltensweisen zu intensivieren. Sie spricht im aggressiven, verletzenden Ton mit der Erzieherin und versucht, sie zur Weißglut zu bringen. Das Verhalten hat eindeutig Typ-A-Charakter.
Sabine (15) ist ebenfalls nicht gut drauf. Das Verhalten der Erzieherin und deren Bekenntnis ist für sie eine Entschuldigung, ihren eigenen Launen freien Lauf zu lassen. Sie zeigt eine Mischform zwischen Typ-A und Typ-B-Verhalten.
Beide Mädchen hacken jetzt mit vereinten Kräften auf der Erzieherin herum. Diese versucht, sich zu beherrschen, bricht dann aber in Tränen aus und schreit die Jugendlichen an. Das wiederum veranlaßt die Mädchen zum Schreien.
Eine geregelte Interaktion ist nicht mehr möglich. Der Kontakt muß abgebrochen werden.
Am Nachmittag haben sich die Gemüter wieder beruhigt. Das Konfliktlösungsgespräch verläuft erfolgreich. Beide Mädchen zeigen Einsicht und signalisieren Bereitschaft, in Zukunft andere Verhaltensweisen zu zeigen.
Sabine bemüht sich sichtlich um eine positive Beziehung zur Erzieherin.
Marianne hingegen zeigt zwar auch eine momentane Anpassung, benutzt aber schon am nächsten Tag die Gelegenheit, die Erzieherin aus der Ruhe zu bringen und in aller Öffentlichkeit zu demütigen.
(Da das Mädchen offensichtlich in hierarchischen Kategorien denkt, wurde eine autoritäre Lösung gefunden: Es hatte sich in aller Öffentlichkeit vor der Erzieherin zu entschuldigen. Außerdem wurde letztere beauftragt, zukünftig alle Entscheidungen über das Mädchen selbständig zu treffen. Marianne kam dadurch in ein Abhängigkeitsverhältnis zu ihr.)

Lösungen:
In solche Situationen geraten auch erfahrene Pädagogen immer wieder. Die Wahrscheinlichkeit kann verringert werden, wenn *kritische Ereignisse systematisch evaluiert* werden. Es wird dabei hinterfragt, wie es zu den Situationen gekommen ist, wie man versucht hat, ihrer Herr zu werden, und was anders hätte laufen müssen.

Krankmachende Miniaggressionen und emotionale Gewalttätigkeiten

Körperliche Aggressionen sind etwas klar Definierbares. Die moralische Beurteilung ist ebenfalls eindeutig. Schon ein leichter Schlag gilt -zurecht- als Körperverletzung und wird entsprechend geahndet.

Weit schwieriger verhält es sich bei Verhaltensweisen, die auf emotionaler Ebene ablaufen oder solchen, die Emotionen hervorrufen.

Ständige Sticheleien, kleine Gemeinheiten, unangemessene Kritiken können an sich winzige Reize sein, haben mitunter aber beträchtliche Auswirkungen. Diese Miniaggressionen können unglücklich und krank machen. Glücklicherweise gibt es die Möglichkeit, durch eine entsprechende Einstellung (s. Grundregeln im Manual zum Typ A des ABPro) oder Gegenmaßnahmen die Situation zu beeinflussen.

Sehr viel schwieriger wird es bei Verhaltensweisen, die massive emotionale Ursachen und Wirkungen haben. Schneiden Kollegen eine Kollegin permanent, spricht ein Ehepartner nicht mehr mit dem anderen, kann dies schlimmere Auswirkungen auf die Opfer haben als körperliche Gewalt. Launische und emotional unberechenbare Menschen können ihre Kollegen und Familienangehörige verunsichern und krank machen.

Gegen Menschen, die solche **emotionalen Gewalttätigkeiten** begehen, kann man sich nur schwer wehren, besonders dann, wenn man von ihnen abhängig ist. Helfer und die Öffentlichkeit sind zudem so stark mit der körperlichen Gewalt beschäftigt, daß die Opfer emotionaler Gewalt kaum Gehör finden, was die Probleme eher noch vertieft.

Mitunter helfen sich Opfer emotionaler Gewalt durch körperliche Gewalt. Ihnen wird dann die Schuld zugewiesen, was das Problem noch vergrößern kann, da die wahre Täterschaft nicht erkannt wird.

Einen Sinn wird dieses Vorgehen aber nur unter folgenden Voraussetzungen haben:

1. Im Team herrschen Bedingungen, die *soziale Unterstützung* zumindest in Problemsituationen garantieren. Der Gedanke, sich im Notfall auf die Hilfe der Kollegen verlassen zu können, wirkt streßreduzierend. Man handelt souveräner und gezielter. Außerdem verringert dies die Wahrscheinlichkeit, daß man von den Kindern und Jugendlichen gegeneinander ausgespielt wird.

   Dieser Aspekt ist von großer Bedeutung, da sich der Umgang mit Aggressionen und stark emotionalen Zuständen auf ganze Teams auswirken kann. Häufig geraten Teammitglieder untereinander in Konflikt, wenn sie mit einschlägig auffälligen Kindern und Jugendlichen umgehen. Die eigene Frustration führt z.B. zu Schuldzuweisungen gegenüber Kollegen, Aggressionen gegenüber Andersdenkende etc. Mobbing und Intrigen sind unter Angehörigen helfender Berufe durchaus nicht selten.

   Stets ist zu hinterfragen, was Ursache und Wirkung ist. Das Team könnte z.B. die

Kinder durch seinen unangemessenen Umgang miteinander anstecken oder animieren. Es kann auch umgekehrt sein. Möglicherweise besteht aber auch eine permanente Wechselwirkung. (Über eigene Betroffenheiten und Involvierungen s. a. *Kasten S. 27: Krankmachende Miniaggressionen und emotionale Gewalttätigkeiten).*

2. Die *Evaluationen* müssen in einer *konstruktiven, unterstützenden Form* geschehen. Man versucht also, Ressourcen ausfindig zu machen oder zu entwickeln, um bei zukünftigen Ereignissen effektiver handeln zu können (s.a. Grundregeln des ABPro im Manual zum Typ A).
   Der Betroffene, der sich wahrscheinlich ärgert, daß ihm die Situation entglitten ist, hat keinerlei Interesse, sich auch noch anzuhören, was er alles falsch gemacht haben soll. Tatsächliches oder scheinbares Versagen ist eine große Frustration, was anfällig dazu macht, Typ-B-Verhaltensweisen zu entwickeln.
   Für den Betroffenen ist dies im Prinzip eine vorzügliche Möglichkeit, sich in ein frustriertes Kind einzufühlen. Er kann gleichzeitig erfahren, was es bedeutet, wenn die Umgebung in einer bestimmten Weise auf seinen Kummer reagiert:
   - Kritisierend, uneinfühlsam

   oder
   - Verständnisvoll, unterstützend.

Zur Einschätzung eigener Reaktionen auf Problemsituationen *s. Fragebogen SEPP, ERNA und BEVA-Kreis im Anhang*!

2.2 Strategie 2: Unterscheide zwischen instrumentellen und echten Emotionen

Äußerlich emotional erscheinendes oder tatsächlich emotionales Verhalten kann in drei Typen aufgeteilt werden (in Anlehnung an Greenberg & Safran, 1987):
1. Instrumentelle Emotion
2. Primäre Emotion
3. Sekundäre Emotion

2.2.1 Instrumentelle Emotion

Der *Emotionsausdruck* hat, auch wenn es nicht gezielt so intendiert ist, einen *Mitteilungswert* und ist insofern *instrumentell.* Ein Mensch kann dadurch eine Emotion, ein Bedürfnis, Mangel oder Kummer kommunizieren.

Ein Kind, das weint, benötigt Trost und Zuwendung. Es signalisiert ein Bedürfnis, das es mit Worten in diesem Moment nicht darzustellen vermag. Rationale Erklärungen würden bei Angehörigen und Betreuern zudem keine Betroffenheit erzeugen und kein Hilfeverhalten auslösen.

Emotionen können darauf hinweisen, daß irgendwas schief gelaufen ist. Sie sind ein Signal, vielleicht ein Hilfeschrei. Solange nicht die Interessen anderer Menschen in Mitleidenschaft gezogen werden, hat das Kind, der Jugendliche Recht auf eine angemessene Berücksichtigung seines Ausdrucks und seiner Bedürfnisse.

Handlungsbedarf entsteht erst dann, *wenn* ein Kind oder Jugendlicher *Emotionen immer wieder gezielt zur Manipulation* anderer Menschen und zum Erreichen eigensüchtiger Ziele einsetzt.

Strategisch wird dann ähnlich gehandelt wie im Zusammenhang mit anderen instrumentellen Verhaltensweisen beschrieben wurde *(s. Manual des ABPro zum Typ A).*

Folgende Regeln sind ergänzend in diesem Zusammenhang zu beachten:

- Es muß sorgfältig darauf geachtet werden, inwieweit man selbst reflexartig emotional auf Emotionsausdruck reagiert (z.B. Tränen, traurige Blicke, Wutanfälle, Schuldzuweisungen).
- Wiederholen sich bestimmte Sequenzen überdurchschnittlich oft (z.B. Weinen, Erzielen von Aufmerksamkeit, Durchsetzen von Wünschen), muß mit bewußter oder unbewußter Manipulation gerechnet werden.
- Sei mißtrauisch, wenn ein Kind oder Jugendlicher Dich aufwertet und andere abwertet. Rechne mit einem Machtspielchen.
- Die Heftigkeit und Ausdauer emotionalen Verhaltens entspricht nicht immer der Größe des zugrundeliegenden Problems.
- Das gilt besonders für bestimmte psychiatrisch auffällige Personengruppen (hier: Borderline-Persönlichkeiten, s. Exkurs S. 33 ff.).
- Achte darauf, nicht von schwer gestörten Persönlichkeiten abhängig zu werden. Halte ggf. emotionale Distanz. Schalte Therapeuten und Supervisoren ein.

Die Klaviatur der Emotionen

Es gibt Kinder, Jugendliche und natürlich auch Erwachsene, die bewußt oder instinktiv eine *Klaviatur der Emotionen* entwickelt haben und diese meisterhaft einzusetzen wissen, um andere Menschen zu manipulieren. Bevorzugte Opfer sind häufig Menschen, die selbst eine erhöhte Neigung zu emotionalen Reaktionen haben.

Ein Beispiel:
Josefine (16) wird wegen verschiedener Verhaltensstörungen stationär in einer kinder- und jugendpsychiatrischen Abteilung behandelt. Eines ihrer Probleme ist, daß sie in extremer Weise versucht, ihren Kopf durchzusetzen und andere Menschen zu dominieren. Dabei geht sie teilweise rücksichtslos vor. Es berührt sie nicht, daß ihre Mutter selbst therapeutische Hilfe braucht, weil sie die Wutausbrüche Josefines und ihr eigensinniges Verhalten nicht mehr ertragen kann. Josefine ist eine *emotionale Gewalttäterin (s.a. Kasten S. 27 Krankmachende Miniaggressionen und emotionale Gewalttätigkeiten).*
Sie hat heute ein Gespräch beim behandelnden Psychologen.
Sie beklagt sich bitter über ihre Mutter. Sie sei primitiv und wolle ihr nur Übles. Sie läßt kein gutes Haar an ihr, stößt ordinäre Beschimpfungen aus.

Josefine ist bemüht, beurlaubt zu werden. Der Psychologe ist skeptisch, schlägt aber vor, die Mutter anzurufen, da letztlich bei ihr die Entscheidung liege.
Josefine willigt nach einigen Zögern ein. Am Telefon sackt sie in sich zusammen wie ein kleines Mädchen. Die Tränen rollen ihr über die Wangen. Sie fleht: „Mammi, hol mich hier raus. Ich halte das nicht mehr aus!“
Die Stimme versagt ihr vor Schluchzen. Die Mutter zögert, bittet sich Bedenkzeit aus. Josefine stellt die Forderung, daß sie von zu Hause aus in die nächste Großstadt fahren kann. Dafür brauche sie auch Geld.
Die Mutter reagiert mit Abwehr, wissend, daß, wenn sie jetzt nicht gegensteuert, weitere Bedingungen und Forderungen kommen werden.
Josefine: "Wenn Du mich nicht holst, bringe ich mich um!“
Ihr Schluchzen wird immer verzweifelter.
Eine junge Mitarbeiterin der Einrichtung, die das Mädchen nicht kennt, reicht ihr ein Taschentuch und legt ihr den Arm um die Schultern.
Josefine schaut ihr durch die Tränen hindurch tief in die Augen. Die Mitarbeiterin streichelt ihr tröstend über den Kopf und ist sichtlich beeindruckt von ihren eigenen pädagogischen Fähigkeiten. Das Telefonat endet mit der Zusicherung der Mutter, Josefine besuchen zu kommen. Sie geht zurück in die Gruppe, setzt sich hin, dreht sich eine Zigarette und witzelt mit ihren Kameraden herum.
In der Zwischenzeit kritisiert die junge Mitarbeiterin das ihrer Meinung nach unmenschliche Verhalten der Mutter. Auch der Psychologe wird wegen seiner Sachlichkeit, mit der er den Vorgang verfolgt hat, indirekt getadelt.
Josefine gelingt es auf diese Weise immer wieder, Menschen in ihrem Sinne zu mobilisieren. Sie weint so überzeugend, daß jeder normale Mensch Mitleid bekommen muß. Dabei ist es immer die Frage, ob Josefine, in dem Moment, wo sie weint, nicht wirklich leidet. Tatsache ist jedoch, daß sie damit Erfolgserlebnisse erzielt.
Hinzu kommen ihre recht hohe Intelligenz und guten rhetorischen Fähigkeiten. Sie vermag sehr überzeugend ihren Standpunkt zu vertreten. Das macht ihr Auftreten um so glaubwürdiger.
Menschen, die längerfristig mit ihr zu tun haben, fühlen sich jedoch bald von ihr manipuliert und ausgenutzt. Sie wenden sich von ihr ab oder signalisieren ihr, daß sie sich nicht mehr unter Druck setzen lassen.
Dann reagiert Josefine mit Drohungen und mit Selbstmordversuchen. Auch hier weiß man nie, ob diese ernst gemeint sind oder als Druckmittel eingesetzt werden *(s.a. Exkurs S. 33: Die Borderline-Persönlichkeit – Meisterin der emotionalen Verstrickung).*

Durch Zeigen von Emotionen kann man, wie dieses Beispiel zeigt, viel erreichen. Emotionen werden von den meisten Menschen instinktiv als Hinweis auf Glaubwürdigkeit und tiefster Betroffenheit gedeutet. Tränen wirken in diesem Sinne unmittelbar verhaltenssteuernd.

Ausgenutzt wird auch oft der *Darstellungscharakter.* „Gut gestaltete Ärgerausbrüche“ lassen den Eindruck von Stärke und Durchsetzungsfähigkeit aufkommen (Laux & Weber, 1993). Zumindest steht man aber im Mittelpunkt. Meistens verursacht man Aufregung und „Action“.

Kinder, die in der Einzelsituation friedlich und umgänglich sind, produzieren sich möglicherweise dann, wenn Kameraden in der Nähe sind, denen sie imponieren möchten. Schon deshalb empfiehlt es sich, Konfliktgespräche möglichst im kleinen Kreis oder sogar unter vier Augen zu führen.

Instrumentelle Emotionen können eingesetzt werden, um anderen *Schuld zuzuweisen.* Man reagiert entweder automatisch schuldbewußt -sagen wir- auf ein weinendes Kind, das man gerade frustriert hat.

Oder aber emotionales Verhalten wird als „Beweis" dafür angebracht, daß der andere einen verärgert hat Damit wird man gleichzeitig für die eigene Entgleisung entschuldigt (s.a. Beispiel: Saskia, S. 32).

Emotionen sind wichtige Werkzeuge im Zusammenhang mit *Machtspielen* und beim Versuch, gruppendynamische Prozesse in Gang zu setzen. Es kann sehr beeindruckend sein, wenn eine Jugendliche zu mir kommt, weint, ihren Kopf an meine Brust legt und sich bitter über den Kollegen beschwert.

Es ist erstaunlich, wie häufig selbst erfahrene Therapeuten, die solche Mechanismen kennen, immer wieder auf diese Weise als Opfer in Intrigenspiele geraten und sich manipulieren lassen.

Häufig sind erst eine Reihe schmerzlicher Erfahrungen notwendig, um hier mehr Selbstkritik und Vorsicht zu entwickeln.

Es mag paradox klingen, aber **Pädagogen und Therapeuten müssen lernen, gelegentlich auch uneinfühlsam zu erscheinen und mangelnde Verständnis zu demonstrieren,** wenn sie es mit instrumentellen Verhaltensweise zur Manipulation und Beherrschung anderer zu tun haben.

Unterscheidungsmöglichkeiten

In der akuten Situation ist es nicht immer leicht zu unterscheiden, ob es sich um ein „echtes" oder instrumentelles emotionales Ausdrucksverhalten handelt. Hinweise könnten sich aus folgenden Umständen ergeben:

a) Das Verhalten wird verstärkt

Das ist anzunehmen, wenn das Kind, der Jugendliche dadurch Vorteile erlangt – Durchsetzung von Wünschen, Aufmerksamkeit etc.

Häufig vergewissern sich die Akteure verstohlen, ob sie auch Publikum haben.

b) Der emotionale Ausbruch wird nicht adäquat begleitet durch relativ automatisch ablaufende Ausdruckserscheinungen

Es handelt sich nicht um eine Selbstöffnung, die den tatsächlichen Gefühlszustand wiedergibt (vgl. Tausch & Tausch, 1990; Rogers, 1980). Es entsteht eine mangelnde Übereinstimmung zwischen dargestelltem Gefühl und Ausdruck (= Inkongruenz). Hier gibt es Täuschungsmöglichkeiten, weil die Fähigkeit, echt wirkenden Ausdruck im richtigen Moment zu aktivieren, gelernt werden kann. Es gibt Menschen, die auf Kommando und an der richtigen Stelle tränenreich zu weinen vermögen.

c) Die Intensität des affektiven Ausdrucks ist nicht situationsangemessen

„Unechte" Emotionen werden in ihrem Ausdruck oft übertrieben, häufig in der Annahme, daß mit der Intensität der Bemühungen die Erfolgswahrscheinlichkeit steigt. Über eine Selbstdarstellung soll ein Eindruck hervorgerufen werden.

Es könnte aber auch sein, daß das Kind tatsächlich unter dem aktuellen Zustand leidet. Die Umstände, die zu seiner Überwindung führen, könnten dann als Erfolgserlebnis aufgefaßt werden. Das ursprüngliche Typ-B-Verhalten nimmt über einen Lernprozeß Typ-A-Charakter an.

Beispiel:

Saskia (15) ist immer sehr „ehrlich" in ihren Meinungsäußerungen. Ungefragt teilt sie Menschen ihre Gefühle ihnen gegenüber mit. Einem Feuerwehrmann sagt sie z.B. vor allen Leuten, sie möge keine Männer in Uniform. Ungeniert schreit sie los, wenn ihr etwas nicht paßt.

Sie mag es jedoch nicht, wenn man sie kritisiert. Wenn man versucht, taktvoll auf die Art hinzuweisen, wie sie mit Menschen umspringt, beschwert sie sich darüber, daß man sie ungerecht behandele. Dabei rollen ihr die Tränen über das Gesicht. Betreuer, die sie nicht kennen, sind dann immer sehr betroffen und stellen sich die Frage, was sie wohl falsch gemacht haben könnten. Saskia spürt das. Das ist ein Erfolgserlebnis. Außerdem kann sie es vermeiden, selbstkritisch ihre Haltung zu reflektieren. *Das Problem haben die anderen!*

Es ist die Frage, inwieweit sie die Tränen bewußt und gezielt einsetzt. Anzunehmen ist, daß sie tatsächlich als Reaktion auf die frustrierende Kritik auftreten und Saskia darunter leidet. Sie leitet daraus aber das Recht ab, auf die Kritiker böse zu sein, weil sie für ihre Leiden und Tränen verantwortlich sind. Sie haben es aus ihrer Sicht „verdient", aggressiv angegangen zu werden.

Raum für Notizen und zur Selbstreflexion:

Wie gehe ich eigentlich selber mit Emotionen um? Mache ich mir Gedanken, ob ich damit andere Menschen verletze? Könnte es möglich sein, daß ich damit kurzfristig Erfolge erziele aber langfristig an Glaubwürdigkeit verliere?

Habe ich die Materialien im Anhang in der Praxis bearbeitet? *(SEPP, ERNA, BEVA-Kreis).*

Exkurs
Die Borderline-Persönlichkeit – Meisterin der emotionalen Verstrickung

Besonders in Tätigkeitsfeldern, bei denen man mit verhaltensauffälligen Menschen umgeht, muß man damit rechnen, auf psychiatrisch auffällige Persönlichkeiten zu treffen. Im Manual zum Typ A wurden hier *hyperaktive* Kinder/Jugendliche und *antisoziale* bzw. *psychopathische* Personen beschrieben.

Im Zusammenhang mit Typ B ist die *Borderline-Persönlichkeit* von Relevanz (s. a. Beispiel: Josephine, S. 30).

Der Begriff „Borderline" ist eigentlich eher verwirrend. Man ist früher davon ausgegangen, daß Menschen, die davon betroffen sind, sich auf der Grenze (borderline) zwischen Neurose und Psychose befinden. Man könnte nach neuerem Verständnis sagen, daß sie stets Grenzen erträglichen und normgerechten Zusammenlebens verletzten.

Sie neigen in diesem Sinne zu *Extremen.* Gefühle und Stimmungen sind stark schwankend. Heftigste Zornesausbrüchen und tiefe Depressionen können sich gegenseitig abwechseln.

Zwischentöne fehlen in der Regel. Es werden z.B. Menschen als entweder gut oder böse bewertet. Betreuer sind oft geschmeichelt, wenn sie von ihnen verehrt und vergöttert, andere dagegen abgewertet werden. Das Blatt kann sich aber schnell wenden. Plötzlich ist man selbst ein Böser, insbesondere dann, wenn man Forderungen stellt, kritisiert oder nicht mehr hundertprozentig den Vorstellungen entspricht.

Borderliner sind häufig streitsüchtig und reizbar. Sie *fühlen sich als Opfer, weisen* auch nahe stehenden Menschen *Schuld zu (s. Kasten S. 24: Extrapunitivität).* Gern werden von ihnen traumatische Erfahrungen in der frühen Kindheit als Erklärung (und Entschuldigung) für ihr Verhalten vorgebracht. Auf diese Möglichkeit werden sie im übrigen häufig durch unerfahrene Therapeuten hingewiesen .

Meisterhaft beherrschen sie die *Klaviatur der Emotionen* (s. S. 29). Sie sind oft in charmanter und einnehmender Weise in der Lage, Sympathien zu gewinnen. Ihr Ausdruck kann lebendig und überzeugend sein. Mitunter zeigen sie Hilfsbereitschaft und soziales Engagement.

Sie sind aber auch in der Lage, Menschen rücksichtslos emotional in die Enge zu treiben. Sie spielen mit Gefühlen, drohen, verlassen, erwecken Hoffnungen, enttäuschen diese gezielt etc. Borderliner erreichen es innerhalb kurzer Zeit, ganze Teams gegeneinander auszuspielen, Eltern zu entzweien, Helfer an den Rand der Verzweiflung zu bringen.

Sie erkennen oft Schwachstellen von Helfern und Bezugspersonen. Um Ziele durchzusetzen, Menschen zu strafen, von denen sie sich enttäuscht fühlen, stellen sie emotionenerweckende Behauptungen auf. Einen besonderen Stellenwert haben hier Anschuldigungen aus dem sexuellen Bereich. Helfer, die mit dieser Persönlichkeitsstörung nicht vertraut sind, können dadurch aktiviert werden. Sollte ein Mädchen auf einem Jugendamt mit der Behauptung, sexuell mißbraucht zu werden oder worden zu sein nicht mehr auf Glauben stoßen, versucht sie es beim nächsten. Kann sie dort nichts mehr erreichen, geht sie zur Polizei etc. Immer wird sie gläubige und an diesem Thema besonders interessierte Helfer finden, die ihr System mit aufrechterhalten (s.a. Beispiel: Josephine, S. 30).

Viel Macht können sie durch *Suiziddrohungen* ausüben. Fast 9% der erwachsenen Borderliner setzen dies auch in die Tat um (nach APA, 1994, s. Comer, 1995, S. 618). Die Drohungen sind also ernst zu nehmen, was Betreuer und Angehörige besonders erpreßbar macht.

Auch Drohungen mit Gewalttätigkeiten anderen- besonders Bezugspersonen gegenüber- sind nicht selten.

Betreuer und Angehörige, die sich auf eine Beziehung mit solchen Menschen einlassen, machen ein Martyrium durch. Wenn sie nicht sehr stark sind, nicht über die Existenz dieser Störung informiert sind und keine Hilfen von außen haben, werden sie leicht in das emotionale Gespinst einbezogen. Ihre eigenen Gefühle schwanken zwischen Angst, Hilflosigkeit, schlechtem Gewissen, Zuneigung, Haß, Depression und Wut.

Sie müssen damit rechnen, vom Borderliner gnadenlos ausgenutzt und vorgeführt zu werden. Es kann sein, daß sie selbst in die Rolle des „Bösen" geraten, da die Borderliner in sympatieerweckender Art, häufig mit Tränen in den Augen die Fähigkeit besitzen andere für sich einzunehmen und gegen den Betreuer aufzubringen (s.a. Beispiel: Josephine, S. 30).

Man geht davon aus, daß ca. 2% aller Menschen zu Borderline-Störungen neigen. Davon sind 75% Frauen (nach APA, 1994).

Ein Problem besteht darin, daß es fließende Übergänge gibt. Man kann durchaus auch ein *bißchen* Borderliner sein. Es müssen auch nicht alle der oben genannten Symptome und nicht immer in extremer Form auftreten.

Diese Unsicherheit birgt natürlich die Gefahr in sich, daß man vorschnell Menschen mit dem Etikett Borderline versieht. Es ist durchaus denkbar, daß Menschen unter größeren Belastungssituationen oder kontextabhängigen Verwicklungen zu Verhaltensweisen neigen, die an diese Störung erinnern. Sie verlieren sich aber wieder, wenn sich die Bedingungen ändern, während echte Borderliner sehr langfristig so bleiben wie sie sind.

Bei Kindern sollten man eigentlich nie eine Persönlichkeitsstörung diagnostizieren, da hier noch viele Entwicklungsmöglichkeiten bestehen. Es ist aber durchaus zu beobachten, daß Kinder ähnliche Verhaltensmuster, wie die geschilderten entwickeln. Bei älteren Jugendlichen kann man in vielen Fällen schon deutliche Hinweise auf das Vorliegen solcher Störungen bemerken.

Wichtig ist, daß alle Beteiligten zumindest über die Möglichkeit einer solchen Entwicklung informiert und auf die damit verbundenen Auswirkungen aufmerksam gemacht werden.

Ohne fachliche Hilfe z.B. im Rahmen einer Supervision haben Betreuer und Angehörige oft keine Chance.

Hat man eine emotionale Beziehung zu einem Borderliner, ist häufig der einzige Schutz, auf Distanz zu gehen und zu vermeiden, sich in die emotionalen Spiele einzulassen. Professionelle therapeutische Hilfe ist zu suchen.

2.2.2 Primäre Emotionen

Primäre Emotionen sind echte Emotionen, die direkt als Reaktion auf eine bestimmte Situation folgen, z.B. Ärger, Trauer und Angst.

Sie treten in diesem Sinne ungesteuert, mitunter heftig auf, sind überwältigend und unkontrollierbar. Sie wirken sich unmittelbar auf das Ausdrucksverhalten aus.

Die sich daraus ergebenden nonverbale Signale sind die wichtigsten Hinweise auf Emotionen. Gemeint sind Weinen, Schreien, Tränen, Mimik, Gestik und weitere körpersprachliche Signale. Von großer Bedeutung ist auch der Sprachausdruck über Tonhöhe, Sprechtempo, Sprechrhythmus etc.

2.2.3 Sekundäre Emotionen

Dies sind Reaktionen auf eher primäre Emotionen. Sie können äußerlich scheinbar einen Widerspruch zu den eigentlich zugrundeliegenden Emotionen darstellen.

Wie es dazu kommt, daß ein Mensch sekundäre Emotionen zeigt, muß im Einzelfall geklärt werden.

Zwei Möglichkeiten sind im wesentlichen denkbar:

1. Auswirkungen von Lernprozessen
Das Erleben einer unangenehmen Konsequenz, wenn unter bestimmten Bedingungen ein bestimmtes Ausdrucksverhalten gezeigt wird, kann zu einem Lernprozeß führen. Die primäre Emotion wird unterdrückt, ggf. eine andere, in den Kontext passende gezeigt.

Ein Junge gesteht sich z.B. nicht zu, auf eine bedrohliche Situation mit Angst zu reagieren. Er zeigt lieber Wut und Ärger, weil dies seinen und den Vorstellungen seiner Bezugsgruppe am ehesten entspricht und er sonst befürchtet, als Feigling und Schwächling abgewertet zu werden.

Andererseits wird er in Gegenwart seiner Mutter weinen, deren Trost und Verständnis als verstärkend empfunden wird.

2. Auswirkung eines Bewältigungsmechanismus
Äußerlich gezeigte Wut, Aggression, Ärger beruht u.U. auf Angst. Am liebsten möchte sich der Mensch zurückziehen, der Situation entfliehen, sieht aber keine Möglichkeit dazu. Er geht in die Offensive.

Umgekehrt hat das Kind vielleicht keinen Mut, seinen Ärger, Wut oder Aggression zu zeigen. Es reagiert äußerlich mit Angst.

Aus solchen Widersprüchen können über Lernprozesse komplizierte Verwicklungen entstehen.

Ein eher ängstlicher Junge wird aufgefordert, sich doch zu wehren, wenn es geärgert wird. Sollte er tatsächlich den Mut aufbringen, besteht die Möglichkeit, daß er Mangels ausreichender Kompetenz – z.B. verbaler Fähigkeiten, körperliches Durchsetzungsvermögen – eine Niederlage erleidet und sich seine Angst noch vertieft. Gleichzeitig vergrößert sich sein Haß, was im ungeeigneten Moment zu unangemessenen Verhaltensweisen führt: Wutausbrüche, Gewaltakte, Trotz, Verweigerung, Aus-dem-Felde-Gehen.

Mangelnde Kompetenz bei der Verarbeitung von Frustrationen und dem konstruktiven Umgang mit Konflikten kann zu einem Wutstau führen. Das Kind zeigt aber äußerlich Irritiertheit, Unsicherheit, Angst, weil es sich vor den Konsequenzen einer aggressiven Handlungen fürchtet, die gesellschaftlich geächtet ist. Auch die Furcht vor einer Niederlage hält es, wenn die Wut nicht zu groß ist, vor einer expansiven Handlung ab.

2.2.4 Komplexität der Zusammenhänge

Nicht immer wird es möglich sein, sauber zwischen den einzelnen Emotionstypen zu trennen. Das hat mehrere Gründe.

Zunächst handelt es sich auch bei dieser Typologie nur um ein Werkzeug, das es ermöglicht, etwas Übersicht in die komplexen Zusammenhänge zu bringen.

In der Praxis muß man mit fließenden Übergängen rechnen. Es ist z.B. denkbar, daß sich ein Kind gezielt in einen emotionalen Zustand hineinsteigert und dann wirklich das fühlt, was es eigentlich spielen möchte. Oder aber das Kind leidet tatsächlich und merkt, daß es damit instrumentelle Effekte erzielen kann. Das ist mitunter abhängig von der Intensität der Emotion. Ist diese hoch, zeigt sich eine primäre Emotion. Beruhigt das Kind sich allmählich, nimmt sie einen instrumentellen Charakter an.

Raum für Notizen und Selbstreflexion:

***Fragen zu den Ausführungen auf den Seiten* 19–36**

Frage 1:
Die Gruppe entgleitet mir. Die Jugendlichen beschimpfen sich gegenseitig. Auch ich bin Ziel von Beschimpfungen. Alle Versuche, wieder Oberhand zu gewinnen, schlagen fehl.

Welche Schlußfolgerungen ziehe ich:
a) „Ich bin ein unfähiger Erzieher."
b) „In diese Situation kann jeder professionelle Betreuer geraten. Ich muß versuchen, eine Lösung zu finden."
c) „Die Jugendlichen mögen mich nicht."
d) „Ich werde jetzt wütend und schlage mal so richtig dazwischen."
e) „Die heutige Jugend taugt nichts! Daß hat schon Platon gesagt."

Frage 2:
Martin (13) ist seit Wochen in sich gezogen, mürrisch. Er macht kaum noch Hausaufgaben, reagiert gereizt und aggressiv auf Ermahnungen. Aus nicht ersichtlichen Grunde neigt er zu emotionalen Ausbrüchen, läuft weinend weg.

Was tun Sie?
a) Ich stelle ihn zur Rede und fordere von ihm eine Verhaltensänderung. Anderenfalls müßte er mit Konsequenzen rechnen.
b) Ich ignoriere sein Verhalten.
c) Da dieses Verhalten erst seit geraumer Zeit gezeigt wird, rechne ich mit einer depressiven Episode. Ich versuche, mit ihm ins Gespräch zu kommen und ziehe ggf. einen klinischen Psychologen oder Psychotherapeuten zu Rate.
d) Ich kann mir vorstellen, daß er Kummer hat. Sage ihm aber, er solle alles nicht so schwer sehen. Er solle positiv denken.

Frage 3:
Susanne (17) ist offensichtlich ein unglückliches Mädchen. Sie klagt über ihre kalte Mutter, ihre unglückliche Kindheit. Nie habe sie jemand gemocht. Auch in der Einrichtung, in der sie untergebracht ist, herrsche Unverständnis. Besonders Frau K. – Ihre Kollegin – sei eine gefühllose Frau. Sie erinnere sie an ihre Mutter. Nur zu Ihnen habe sie Vertrauen. Tränen laufen ihr über das Gesicht.

Wie reagieren Sie:
a) Geschmeichelt, aber auch betroffen über das Leid des Mädchens.
b) Habe ich doch immer schon gewußt, daß ich eine einfühlsamere und pädagogisch qualifiziertere Art habe, als meine Kollegen.
c) Ich sage ihr, sie solle sich nicht so einschleimen.
d) Ich stelle meine Kollegin zur Rede und mache ihr die pädagogischen Fehler zum Vorwurf.
e) Ich höre mir mit Interesse die Ausführungen an, reagiere aber relativ neutral und

rechne damit, daß sie ggf. ihre Meinung schnell ändert und mich als negativ schildert.
f) Ich versuche, gemeinsam mit ihr die unglückliche Kindheit aufzuarbeiten.
g) Ich versuche, zwischen ihr und ihrer Mutter zu vermitteln.

Kommentare zu den Antworten:

Frage 1:
zu a)
Auch dem besten Erzieher kann es passieren, daß er die Kontrolle über eine Gruppe verliert.

Die Reaktion beruht somit auf einem Denkfehler im Sinne von Beck *(s. Kasten S.: 23 Willkürliche Schlußfolgerung* oder *Übergeneralisierung).*

zu b)
Genau!

zu c)
s. Kommentar zu a)

zu d)
Undifferenzierte, heftige und unprofessionelle Reaktion auf Basis eigener Erregung.

zu e)
Diese allgemein verbreitete Ansicht ist nicht nur problematisch, sondern hilft auch nicht weiter.

Frage 2:
zu a)
Wahrscheinlich handelt es sich um eine depressive Reaktion. Martin weiß selbst nichts damit anzufangen, kann sich nicht steuern. Er braucht Hilfe, nicht Druck. Natürlich muß er auch in seinem Zustand die Rechte anderer berücksichtigen.

zu b)
Nicht hilfreich, weil unter der Annahme, daß es sich um ein gezieltes-instrumentelles Verhalten (Typ A) handelt.

zu c)
Richtig.

zu d)
Möglicherweise sieht Martin zwischen seinem Kummer und seinem Verhalten keinen Zusammenhang. Schon deshalb ist der Ratschlag wenig hilfreich. Tief depressive Menschen können damit sowieso nichts anfangen. Ihre Versagensgefühle können damit eher verschärft werden.

Frage 3:

zu a)
Vorsicht! Ich würde mich erst einmal vergewissern, ob Susanne nicht häufig zu solchen Szenen neigt.

zu b)
Rechnen Sie damit, daß Susanne versucht zu manipulieren. Möglicherweise möchte sie erreichen, daß Sie mit der Kollegin in Konflikt geraten, weil dies von Vorteil für Susanne wäre.

zu c)
Möglicherweise richtige Vermutung aber undiplomatische Art. Sie verlieren damit die Chance, konstruktiv auf Susanne einzuwirken.

zu d)
Susanne hat das erreicht, was sie wollte. Ihre Kollegin wird sauer und aggressiv auf Sie reagieren. Sie wiederum werden wütend über die Uneinsichtigkeit der Kollegin sein. (Das kennen Sie ja von ihr!)

zu e)
Das ist o.k. Man sollte dennoch versuchen, einen sachlich-freundlichen Gesprächsrapport aufrecht zu erhalten. Dabei muß aber vermieden werden, in ihr Spiel einbezogen zu werden.

zu f)
Das richtet in der Regel eher Schaden an, besonders, wenn dies in unprofessioneller Weise geschieht. Susanne wird immer andere für ihre Probleme verantwortlich machen. Sie ist deshalb entschuldigt und braucht sich nicht zu ändern.

zu g)
Meistens vergebliche Liebesmüh. Möglicherweise wird Ihnen Susanne sogar böse sein, weil Sie nicht eindeutig an ihrer Seite sind.

Raum für Notizen

2.3 Strategie 3: Passe eingesetzte Methoden flexibel den jeweiligen Bedingungen an

Ein gezieltes *Situationsmanagement* sorgt dafür, daß man die richtige Methode im richtigen Moment in der richtigen Variation einsetzen kann. Folgende Regeln sind dabei zu beachten:

1. Schätze das Ausmaß der Erregung ab
2. Wähle einen angemessenen Zeitpunkt für die Problemlösung

2.3.1 Schätze das Ausmaß der Erregung ab

Dies ist von Bedeutung, weil verschiedene Grade von Erregung mitunter andere Interventionstechniken erfordern. Man kann in der Regel davon ausgehen, daß ein Mensch im Zustand hoher Erregung stark mit sich selbst beschäftigt und nur für „Basissignale" zugänglich ist: Beruhigung, Ermutigen, Handhalten u.ä. (vgl. Greenberg & Safran, 1987).

Es hat wenig Sinn, mit einem hoch erregtem Kind diskutieren zu wollen und den Versuch zu unternehmen, auf rationaler Basis Lösungen herbeizuführen.

Ist die Erregung etwas abgeflaut, kann sich dagegen ein günstiger Moment ergeben, wo dies möglich ist. Das Kind ist dann kognitiv wieder in der Lage, sich mit Hilfe einer Bezugsperson um Lösungen zu bemühen.

Das Problem hat dann auch noch genügend subjektive Bedeutsamkeit, so daß ein Bedürfnis entsteht, sich damit zu beschäftigen. Man kann sogar immer wieder beobachten, daß nach einem starken Affektausbruch eine erhöhte Bereitschaft zum Reden da ist. Es bietet sich darüber hinaus die Chance, dem Individuum bei der Erlangung einer differenzierteren und veränderten Wahrnehmung helfen zu können (vgl. Frank, 1973).

2.3.2 Wähle einen angemessenen Zeitpunkt für die Problemlösung

In der Regel erfordern akute Probleme sofortiges Handeln im Sinne einer Deeskalation.

Danach stellt man sich die Frage, ob es sinnvoll ist, weiter in der Problemlösung fortzuschreiten.

Beurteilungsgrundlage ist dabei die Bereitschaft und die aktuelle Fähigkeit der Beteiligten. Es ist denkbar, daß zwei Kinder Interesse daran zeigen, ihr Problem sofort zu klären. Sie sind aktiviert und betroffen, was die Motivation zur Kooperation erhöht.

Manchmal ist es aber auch sinnvoll, die Sache noch einmal zu überschlafen. Anderenfalls besteht die Gefahr einer erneuten Eskalation. Am nächsten Tag ist das Problem vielleicht sogar schon vergessen und die Kontrahenten verstehen sich prächtig.

Die Problemlösung besteht hier somit im *Abwarten und scheinbaren Nichtstun*, wenn das auch für manchen Praktiker ein unerträglicher Gedanke sein dürfte.

2.4 Strategie 4: Führe Entspannung und Beruhigung herbei

Im Zusammenhang mit dieser Strategie sind zwei Grundtechniken einsetzbar:
1. Biete beruhigende Reize
2. Lasse Spannungen kontrolliert ausagieren

2.4.1 Biete beruhigende Reize

Hier bieten sich insbesondere non-verbale Techniken an:
a) Körperliche Nähe
b) Beruhigung durch andere Kinder und Jugendliche
c) Beruhigende Umgebung bieten

a) Körperliche Nähe

Die Nähe vertrauter Personen kann beruhigend wirken und Sicherheit geben. Menschen suchen in der Not oder im Streß instinktiv die Nähe anderer Menschen auf (vgl. Cobb, 1976; Antonovsky, 1979). Eine Person, der man mit Sympathie gegenübersteht, der Vertrauenswürdigkeit, Sanftmut oder ruhige Souveränität zugeschrieben wird, kann als spannungsabbauender Reiz wirken und durch ihre Gegenwart Eskalationen vermeiden.

Voraussetzung ist, daß die *Bezugsperson selber Ruhe* ausstrahlt. Ist man innerlich erregt, wird man das nur schwer nach außen verbergen können. Es ist deshalb sinnvoll, für den Ernstfall Absprachen zu treffen, wer sich um das Kind kümmert, wenn man aktuell dieses Kriterium nicht erfüllt.

In der Regel ist es wirksam, das weinende, wütende oder sonstwie erregte Kind in den Arm zu nehmen und sanft an sich zu drücken. Beruhigendes Sprechen, wobei der Inhalt wenig von Bedeutung ist, kann zur Entspannung beitragen.

Berücksichtigt werden muß, daß es manche Kinder und Jugendlichen grundsätzlich nicht mögen, berührt zu werden. Es hängt zudem von der persönlichen Beziehung ab, die zwischen Kind und Bezugsperson bestehen, ob die Berührung akzeptiert und als beruhigend empfunden wird.

In diesen Fällen kann auch die bloße Anwesenheit einer vertrauten Person, die Wärme, Sympathie und Verständnis signalisiert, hilfreich sein.

b) Beruhigung durch andere Kinder und Jugendliche

Auch Kinder und Jugendliche wirken erregend oder beruhigend aufeinander ein. Sie finden häufig eine Sprache, die vom anderen verstanden wird.

Potentielle kindliche oder jugendliche *Ruhestifter* bewähren sich insbesondere als Tröster in der Einzelsituation. Ist die Erregung nicht zu hoch, können sie gleichsam als Assistent bei Beruhigungsversuchen hinzugezogen werden.

Beispiel:
Sabine (16) ist geistig behindert. Unvermittelt gerät sie in der Schule bisweilen in unerklärliche Unruhezustände. Sie schimpft, nörgelt an allem und jedem herum und neigt auch dazu, handgemein zu werden.
In der Gruppe ist ein ebenfalls geistig behinderter Junge, der eine gewisse Faszination auf Sabine ausübt.
Man hat es sich inzwischen zur Gewohnheit gemacht, sobald sich die ersten Anzeichen einer Erregung bei Sabine ergeben, den Jungen zu rufen und sich dann gemeinsam mit Sabine zu beschäftigen. Beide sprechen die gleiche Sprache und verstehen sich prächtig. Meistens gelingt es dem Jungen dann auch, Sabine zu beruhigen.

Ein Einsatz von Jüngeren als selbständige Vermittler ist besonders bei größerer Erregung in der Regel nicht zu empfehlen. Auch komplexere Situationen, in denen ein Konfliktlöseprozeß erforderlich ist, sollten vermieden werden.

c) Beruhigende Umgebung bieten

Es kann sich mitunter sehr auf die Stimmung auswirken, wenn man mit dem erregten Kind oder Jugendlichen einen anderen Ort oder Raum aufsucht. Die erregenden Reize, z.B. ein Konfliktgegner, werden ausgeblendet.

Vielleicht steht auch ein für diese Zwecke speziell eingerichteter Raum zur Verfügung. Einige Institute haben sogenannte Snoezelräume (sprich „Snusel") eingerichtet. Hier werden sanfte optische, akustische und räumliche Reize geboten *(s.a. Kasten Erregende und beruhigende Bedingungen).*

Erregende und beruhigende Bedingungen

An die Mitarbeiterinnen eines Kinderheimes wurde in diesem Zusammenhang die Frage gestellt, welche Situationen und Bedingungen im Rahmen eines Gespräches bei ihnen Spannungen hervorrufen und welche solche abbauen könnten:

Spannung erzeugende Bedingungen:
- atmosphäreloser Raum
- unangenehme Temperaturen
- unbequeme Sitzposition
- verschmutzte Luft, z.B. durch Zigarettenqualm
- Störung durch Lärm, z.B. andere Gespräche
- ständige Unterbrechung, z.B. durch Hereinkommen anderer; Telefonklingeln

Fortsetzung nächste Seite

- Zeitdruck, Hektik
- Warten-Müssen

Entspannende Bedingungen:

- gemütliche Sitzposition
- freundlicher Raum
- frische, gut temperierte Luft
- ruhige, entspannte Atmosphäre
- angenehme Beleuchtung
- es wird etwas zu Essen oder Trinken angeboten

2.4.2 Lasse Spannungen kontrolliert ausagieren

Zwei Möglichkeiten sind denkbar:
a) Emotionale Spannung abführen lassen durch verständnisvolle Zuwendung
b) Kontrolliert motorisch ausagieren lassen

a) Emotionale Spannung abführen lassen durch verständnisvolle Zuwendung

Der Ausdruck von Gefühlen der Trauer, des Ärgers, in der Regel durch Weinen, kann erleichternd und entspannend wirken.

Ohne gezielte Begleitung eines emotionalen Ausbruchs ergibt sich jedoch die Gefahr, daß sich Emotionen über ungesteuerte und ungehemmte Aktivationen in unerwünschte Richtung entwickeln. Aus Trauer oder Ärger könnten sich feindselige Gefühle entwickeln oder Gefühle der Ohnmacht und Verzweiflung.

Es ist daher wichtig, daß der erregte Mensch Unterstützung erfährt, durch *körperliche Nähe, angemessene Hilfe und Verarbeitung*: Trost, Signale des Verständnisses.

Wenn das Kind wieder ansprechbar ist, sind in diesem Sinne Erklärungen und Hilfen zur Bewältigung der Situation willkommen und hilfreich:

➢ „Es ist ganz normal, daß man aufgeregt ist, wenn man so geärgert wird."
➢ „Man muß erst einmal seinen Frust rauslassen, dann kann man wieder klar denken."
➢ „Wenn es Dir wieder besser geht, werden wir einmal mit Franz reden."
➢ „Wir sollten dem Franz etwas Zeit lassen, bis er sich auch wieder beruhigt hat. Dann reden wir einmal zusammen. Vielleicht finden wir eine Lösung."

b) Kontrolliert motorisch ausagieren lassen

Wir haben hier bewußt den Begriff *Ausagieren* gewählt, um dies vom populären, aber auch problematischen „Abreagieren" zu unterscheiden.

Ausagieren heißt, die Spannung loswerden aber nicht unbedingt gegen Menschen und Sachen aggressiv werden.

Wenn die Erregung abgeklungen ist, sehen manche Probleme ganz anders aus und das Kind ist wieder ansprechbar.

Es ist somit wenig sinnvoll, ein Kind zu bestrafen, weil es wütend den Raum verläßt und dabei die Tür zuknallt. Es in einem solchen Moment auf sein unhöfliches oder störendes Verhalten aufmerksam zu machen und zu versuchen, dies zu unterbinden hat keinen Zweck, könnte sogar als aggressionsauslösender Reiz wirken.

Es kann durchaus hilfreich sein, wenn man Angebote zum Ausagieren macht:

- ➢ gemeinsames Musizieren
- ➢ Sportliche Betätigung
- ➢ Spazierengehen
- ➢ Essen
- ➢ usw.

Ärgerausdruck führt meistens nur dann zur echten Reduktion des Ärgers, wenn er dazu beiträgt, mit dem Problem fertig zu werden oder wenn die Einstellung zum Problem anders wird (Bohart, 1980).

Das unkontrollierte körperliche Abreagierenlassen kann über eine hemmungslose Aktivation zu Aggressions – und Destruktionshandlungen führen und somit neue Probleme erzeugen. Man wird z.B. nie sicher sein, was in einem Individuum vorgeht und wie es seine Gefühle verarbeitet. Auch hier ist eine gezielte pädagogische Begleitung notwendig.

> Kürzlich passierte es im Arbeitsbereich des Autors, daß man bei den ersten Anzeichen von Erregung bei einem Jugendlichen diesen losschickte, um einen Auftrag zu erfüllen. Man hatte bisher die Erfahrung gemacht, daß er unter solchen Bedingungen ruhiger wurde. Diesmal rannte er wieder los, erfüllte seinen Auftrag in einem anderen Gebäude. Er kam nach etwa 10 Minuten mit hochrotem Kopf zurückgerannt, stürzte sich auf eine Erzieherin und versuchte, sie zu würgen. Unterwegs hatte er sich in den Haß auf sie unter dem Einfluß der körperlichen Aktivierung in Rachephantasien hineingesteigert.

Läßt man es zu, daß sich ein Kind oder Jugendlicher aggressiv auf Kosten anderer Menschen oder an Sachen abreagiert, kann dies als Billigung aufgefaßt werden. Die Spannungsreduktion im Zusammenhang mit aggressiven und destruktiven Verhaltensweisen führt über den damit verbundenen Lernprozeß zu einem Verhalten vom Typ A. Außerdem muß das Kind mit Vergeltungsaktionen rechnen.

Raum für Notizen und Selbstreflexion:
Habe ich die Materialien im Anhang in der Praxis bearbeitet? *(SEPP, ERNA, BEVA-Kreis).* Zu welchen Erkenntnissen bin ich gelangt?

2.5 Strategie 5: Rege Kommunikation an

Die *verbale Kommunikation* ist mit Abstand das am meisten gebrauchte Mittel, um mit Konfliktgeschehen fertig zu werden. Es ist deshalb wichtig, ihre Möglichkeiten aber auch die damit verbundenen Fallstricke zu kennen und zu berücksichtigen.

Erfahrungsgemäß spielt *nonverbale Kommunikation* ebenfalls eine große Rolle, wird aber oft zu wenig gezielt und bewußt eingesetzt. Dabei ergeben sich gerade aus ihr interessante Möglichkeiten. Nonverbale Techniken bieten ein breites Spektrum an Interventionsmöglichkeiten, besonders dann, wenn verbale Techniken nicht greifen.

2.5.1 Verbale Kommunikation

Kommunikation ist ein vielschichtiger, wechselseitiger und wechselnder Prozeß. Dies kann besonders in emotional schwierigen Situationen zu Problemen führen. In der Praxis muß man sich dieser Tatsache bewußt sein und das eigene Kommunikationsverhalten ständig überprüfen.

Zwei Regeln sind zu beachten:
a) Berücksichtige die Vielschichtigkeit der Kommunikation
b) Schätze die Auswirkungen des emotionalen Zustands auf die Kommunikation ab

a) Berücksichtige die Vielschichtigkeit der Kommunikation

Schulz von Thun (1994) demonstriert die Vielschichtigkeit der Kommunikation mit seinem *Quadrat der Nachricht.* Es geht darum, „was jemand von sich gibt" und „was beim anderen ankommt" (Schulz von Thun, 1993, S. 19).

Daß beides nicht unbedingt identisch ist, liegt großenteils daran, daß bei einer Nachricht vier Aspekte zu unterscheiden sind:

1. Sachinhalt
Dies sind die mitzuteilenden sachlichen Informationen.
2. Selbstkundgabe, bzw. Selbstoffenbarung
Hier teilt der Sender etwas über sich selbst mit – seine Persönlichkeit, sein aktuelles Befinden.
3. Beziehungshinweis
Der Sender gibt zu erkennen, wie er zum Empfänger steht, was er von ihm hält und wie er die Beziehungen zu ihm definiert.
4. Appell.
Dies ist der Versuch, Einfluß zu nehmen, eine Wirkung zu erzielen.

Beispiel:
Mutter sagt zur Tochter:
„Fang jetzt endlich mit den Hausaufgaben an!"

Quadrat der Nachricht aus der Sicht der Mutter als Sender:

1. Sachaussage:
Es ist an der Zeit, mit den Aufgaben zu beginnen.
2. Selbstkundgabe
Ich habe die Befürchtung, du kommst sonst mit der Zeit nicht hin!
3. Beziehung
Deine Leistungen sind mir wichtig, damit du Erfolg hast!
4. Appell
Tu mir bitte den Gefallen!

Der Empfänger einer Nachricht verfügt analog über „vier Ohren“:

1. Sach-Ohr
Es wird versucht, den sachlichen Informationsgehalt einer Nachricht zu verstehen.
2. Selbstkundgabe-Ohr
Der Empfänger ist diagnostisch tätig: Was ist mit dem Sender los? Welche Motive, Gefühle stehen hinter einer Aussage.
3. Beziehungs-Ohr
Es wird aufgenommen, was der Sender vom Empfänger zu halten scheint. Hieraus nähren sich zu einem großen Teil die Gefühle des Empfängers. Das Selbstwertgefühl kann durch eine entsprechend verstandene Aussage erheblich beeinflußt werden.
4. Appell-Ohr
Es wird die Aufforderung herausgehört. Der Empfänger fühlt sich ggf. unter Druck gesetzt.

Wir kommen auf das Beispiel zurück:
Je nachdem, welches Ohr aktiviert ist, könnte die Botschaft der Mutter bei der Tochter als Empfänger folgendermaßen ankommen:

1. Sach-Ohr:
Ich soll mit den Hausaufgaben anfangen!
2. Selbstkundgabe-Ohr
Sie stellt hohe Anforderungen an mich, denen ich nicht gerecht werden kann. Immer hat sie was zu nörgeln. Sie will, daß ich so werde, wie sie. Mein Wille ist ihr nicht wichtig.
3. Beziehungsohr
Sie hält sich für meine Chefin, kommandiert mich rum.
4. Appell
Ich soll gehorchen, etwas tun, was mir keinen Spaß macht!

Die Tochter reagiert gereizt und versucht, die Situation zu vermeiden. Das macht die Mutter wütend. Es entwickelt sich ein Konflikt.

Aus diesem Beispiel ergibt sich, daß die Mehrdimensionalität zu Kommunikationsproblemen führen kann. Diese ergeben sich, weil auf Sender- und Empfängerebene über- oder unterbewertet wird. Mit anderen Worten könnte es sein, daß im Sinne des Modells von Schulz von Thuns auf einer oder mehreren Seiten der Kommunikation Über- oder Unsensibilitäten gezeigt wird. Hört man z.B. überwiegend auf dem *Beziehungs-Ohr*, neigt man dazu, auch neutral gemeinte Aussagen auf der Beziehungsebene zu interpretieren. Eine solche Einseitigkeit kann zu neuen Problemen führen. Man reagiert persönlich betroffen – emotional – statt mit angemessener sachlicher Distanziertheit. Dadurch gerät man in den Strudel der Ereignisse und ist selber Opfer.

b) Schätze die Auswirkungen des emotionalen Zustands auf die Kommunikation ab

Mitunter muß man damit rechnen, daß Ausdrucksverhalten von Seiten des Senders keinerlei gezielte Botschaft enthält. Befindet sich ein Mensch in hoher Erregung, z.B. in einem extremen Streßzustand, ist der unmittelbare Informationsgehalt des Ausdrucks gering. Es besteht eine gewisse Wahrscheinlichkeit, daß es sich um eine bloße *Erregungsentladung* handelt. Gerät man zufällig in die Nähe eines hoch erregten Menschen, wird man u.U. zum Aggressionsopfer. In diesem Falle kann man keine Rückschlüsse auf Beziehungen, Appelle oder Selbstoffenbarung ziehen. Man ist als Person austauschbar. Angemessen ist hier eine eher distanzierte diagnostische Haltung. Auch beim Umgang mit einem emotional nicht ganz so extrem betroffenen Menschen darf man sich nicht der Illusion hingeben, daß er überwiegend mit dem Sach-Ohr empfängt oder sendet. Selbst das, was tatsächlich wahrgenommen wird, ist teilweise verfälscht. Es werden Fakten nicht wahrgenommen, andere hinzugefügt, überbewertet oder unterbewertet *(s.a. Kasten: Streit eines Liebespaares).*

Streit eines Liebespaares

Ein Liebespaar streitet sich. Sie weint heftig und schreit:
„Ich hasse Dich, ich will nichts mehr mit Dir zu tun haben!"
Nimmt der Empfänger die *Sachaussage* wörtlich, täte er gut daran, sich von ihr zu verabschieden und gekränkt von dannen zu ziehen.
Wenn unsere Hypothese stimmt, wäre das allerdings ein Fehler, da aus der Sicht der verschiedenen Aspekte auch andere Interpretationen möglich sind:

Sachaussage:
„Ich brauche etwas Ruhe, um wieder klare Gedanken fassen zu können!"

Selbstkundgabe:
„Ich bin verzweifelt, enttäuscht, am Ende!"

Beziehungshinweis:
„Du bist mir unheimlich wichtig. Einem Menschen, der mir gleichgültig ist, würde ich so etwas nicht sagen!"

Appell:
„Tu etwas! Mach mich wieder glücklich!"

Fortsetzung nächste Seite

Die Szene könnte somit ein guter Anlaß sein, einfühlsam die Beziehung neu zu überdenken, den Standpunkt des Partners zu verstehen und neue Lösungen anzustreben.

Hat er einen Groll gegen den Sender, wird er eine feindselige Diagnose über das *Selbstkundgabe-Ohr* stellen. Über das *Beziehungs-Ohr* empfängt er Botschaften der Abwertung. Das *Appell-Ohr* registriert unannehmbare Forderungen. Ist die Erregung abgeklungen, kann derselbe Mensch und dieselbe Aussage völlig andere Wirkungen erzielen. Die *Sachaussage* wird anders – positiv – verstanden.

Auch als Sender nimmt der Mensch abhängig vom Ausmaß der emotionalen Erregung eine andere Qualität ein.

Bei geringer Erregung wird der Sachaspekt eine wichtige Rolle spielen. Man kann dann davon ausgehen, daß den Sachaussagen eine hohe Wahrscheinlichkeit an Bewußtheit und Gezieltheit unterliegen.

Bei Kindern und Jugendlichen (aber auch labilen Erwachsenen) muß man damit rechnen, daß Emotionen eher flüchtig und schwankend sind. Kinder, die sich heute haßerfüllt gegenseitig beschimpfen, sind morgen möglicherweise gute Freunde.

Berücksichtigt man solche Phänomene nicht, läuft man Gefahr, dem tatsächlichen oder scheinbaren Problem übermäßige Bedeutung zuzumessen. Es kann sein, daß ich mich durch das unreflektierte aggressiv wirkende Kommunikationsverhalten eines Jugendlichen emotional getroffen fühle. Dadurch verändere ich mein Verhalten und somit die Beziehung zu ihm.

Es entsteht das Problem, von dem ich annehme, daß es besteht.

Beispiel:

Frau K. ist eine engagierte Lehrerin. Sie hat gerade ihre Tätigkeit in einer Einrichtung für verhaltensauffällige Jugendliche aufgenommen.

Sie beobachtet eine Szene, wie sich zwei Jugendliche gegenseitig auf das wüsteste beschimpfen. Sie ist entsetzt und spricht die Erzieherinnen in der Gruppe an. Diese reagieren aber ganz gelassen und vertreten die Auffassung, das lege sich schon wieder. Frau K. ist jetzt auch über die Erzieherinnen entsetzt und versucht, die Sache selbst in die Hand zu nehmen.

Inzwischen ist seit dem Vorfall etwa eine halbe Stunde vergangen. Sie geht in den Tagesraum und wundert sich, wie die beiden Kontrahenten friedlich beieinander sitzen. Sie versucht, die Jungen in ein Gespräch über Konfliktlösung zu verwikkeln. Die beiden wissen damit nichts so recht anzufangen. Auf jeden Fall nervt die Lehrerin sie mit „ihrem psychologischen Gequatsche", wie sie sich später ausdrücken.

Sie ist frustriert und versucht, am nächsten Tag, den Vorfall im Unterricht zu thematisieren. Die beiden Jungen aber auch die anderen Schüler finden das offensichtlich amüsant. Die Situation endet damit, daß einer der beiden sie auffordert, doch nach Hause zu gehen und sich von „ihrem Alten" mal so richtig ...

Frau K., die alleine lebt und Beziehungsprobleme mit Männern hat, ist empört.

2.5.2 Nonverbale Kommunikation

Emotionsausdruck erfolgt im starkem Maße über nicht-sprachliche (nonverbale) Kanäle. Das ist eine Binsenweisheit, die im Umgang mit erregten Menschen jedoch sehr nützlich sein kann. Es lohnt sich deshalb, zu beobachten, wie Menschen nonverbal miteinander kommunizieren, besonders, wie man selber auf entsprechende Signale reagiert. Auf diese Weise werden Kommunikationsmöglichkeiten bewußt, die man bisher oft hat brach liegen lassen.

Folgende Möglichkeiten bieten sich an:
a) Einsatz der Augen als Kommunikationsmittel
b) Körperliche Nähe und Distanz flexibel einsetzen
c) Berührungen und Körperkontakt
d) Sprechweise berücksichtigen (parasprachliche Reize)
e) Körpersprache

a) Einsatz der Augen als Kommunikationsmittel

Mit den Augen werden am häufigsten und am wirksamsten nonverbale Signale gesendet. Dabei spielt zunächst das Ausmaß des Blickkontaktes eine wichtige Rolle. Schon im normalen Alltag versucht man, hier instinktiv eine situationsangemessene Balance zu schaffen. Ein Zuviel des Anschauens kann genauso unangenehm sein wie ein Zuwenig. Was als richtiges Maß empfunden wird, hängt von der Situation und von den Eigenarten der beteiligten Individuen ab.

Im Zusammenhang mit unserer Fragestellung wird man insbesondere auch den Grad und die Qualität der emotionalen Erregung berücksichtigen müssen.

Ein ängstliches Kind wird einen langen tiefen Blick ggf. als Zeichen von Interesse, der Vertrautheit und somit als beruhigend empfinden. Ist die momentane Stimmung dagegen eher aggressiv, gespannt, kann dies als Aggression aufgefaßt werden (vgl. a. Ellsworth, Carlsmith & Henson, 1972; Rice et al., 1989).

Man tut bei hoher Erregung des Kindes gut daran, die Auswirkungen des eigenen Augenkontaktes nicht zu unterschätzen. Möglicherweise reagiert das Kind unter den Einfluß seiner Erregung sehr sensibel auf solche Signale und neigt dazu, sie in einer bestimmten Richtung zu interpretieren.

b) Körperliche Nähe und Distanz flexibel einsetzen

Wie oben schon dargestellt, wird in der Regel die körperliche Nähe einer vertrauten Person als angenehm und beruhigend empfunden.

Im Zusammenhang mit aggressiv geladenen Situationen muß man jedoch vorsichtiger und differenzierter vorgehen. Bei geringer Spannung kann die räumliche Nähe zu einem Kind durchaus verhaltenssteuernd und konfliktreduzierend wirken. Sei es, daß es den Erzieher als hindernden Reiz erlebt oder es durch dessen Anwesenheit beruhigt wird. Bei höherer Erregung kann eine geringe Distanz dagegen als bedrohlich empfunden werden und somit Aggressionen auslösen.

Sorgfältig muß darauf geachtet werden, wie das Kind, der Jugendliche die Beziehung zum Erzieher erlebt und wie groß das grundsätzliche Bedürfnis nach Nähe und Distanz ist.

c) Berührungen und Körperkontakt

Berührungen und Körperkontakte können in jeder Beziehung einen erheblichen Einfluß auf die emotionale Befindlichkeit ausüben. Welche Auswirkungen sie haben, hängt aber stark vom sozialen bzw. kulturellen Kontext, den Beziehungen, die individuellen Präferenzen und dem momentanen Zustand ab.

Es gibt genaue Regeln, wer wann und wie wen berühren darf (vgl. Jourard, 1966). Es muß insbesondere darauf geachtet werden, daß genügend Vertrautheit zum Berührten besteht. Anderenfalls könnten körperliche Kontakte als Einbruch in die Intimsphäre oder als Aggression aufgefaßt werden. Bei Jugendlichen muß man damit rechnen, daß Berührungen und Körperkontakte bereits sehr rollenspezifisch erlebt werden können.

Die Akzeptanz ist stark vom Ausmaß der Erregung abhängig. Hier gelten die gleichen Regeln wie sie im Zusammenhang mit Nähe und Distanz geschildert wurden.

Trotz aller Einschränkungen können Berührungen sehr gezielt und variabel eingesetzt werden. Schon unmerkliche Körperkontakte haben Auswirkungen (vgl. Fisher, Rytting & Heslin, 1976).

Dies gilt beispielsweise für Berührungen der Finger und der Hand. Hier kann man äußerst flexibel vorgehen: vom leichten Antippen der Fingerkuppen bis zum Handhalten. Diese Methode eignet sich gut als Kontaktaufnahmeversuch und als Test, inwieweit ein Mensch zur Kommunikation oder zu weitergehenden Berührungen bereit ist.

d) Sprechweise berücksichtigen (parasprachliche Reize)

Gemeint sind alle nicht-verbalen Reize, die mit einer verbalen Kommunikation verbunden sind, z.B. Sprechtempo, Sprachrhythmus und Tonhöhe.

Die Auswirkungen können ebenfalls beträchtlich sein (vgl. a. Milmoe et al., 1967).

Langsames Sprechen mit tiefer Stimme wirkt in der Regel beruhigend, unabhängig vom Inhalt des Gesagten. Umgekehrt kann eine hektische, laute Sprechweise erregend wirken.

Diese Methode ist anwendbar, wenn sich das Kind oder der Jugendliche schon etwas beruhigt hat. Man spricht sanft im Rhythmus des Ausatmens. Allmählich kann man den Sprechrhythmus etwas verlangsamen, was u.U. auch beim Kind zu einer Verlangsamung und ggf. Entspannung führt.

e) Körpersprache

Empfänger und Sender stellen sich häufig in ihren Bewegungsmustern aufeinander ein. Das kann man insbesondere bei Gesprächen unter vier Augen ausnutzen, wenn das Kind oder der Jugendliche nur auf den Pädagogen fixiert ist. Dieser kann beispielsweise die Sitzhaltung seines Gesprächspartners einnehmen und allmählich immer mehr in eine entspannte Körperhaltung übergehen. Gestik und Mimik können unterstützend eingesetzt werden. Hektische Bewegungen oder angespannte Gesichtszüge sind dabei störend.

Fragen zu den Ausführungen auf den Seiten 40–50

Frage 1:
Peter (9) schimpft lauthals auf Martin (9). Er wolle dieser blöden Sau eins in die Fresse hauen. Martin sitzt auf einem Sessel in der Ecke. Mit Peter ist in diesem Moment kein vernünftiges Wort zu wechseln.

Was tun?
a) Ich schicke Martin und die anderen Kinder nach draußen, um eine Eskalation zu vermeiden.
b) Ich fordere Peter auf, mit mir spazierenzugehen. Für den Fall, daß er mitgeht, rede ich zunächst nicht mit ihm, zeige ihm aber nonverbal Interesse. Wenn er nicht mitgeht, bleibe ich in seiner Nähe und nehme Körperkontakt auf, wenn ich merke, daß er sich etwas beruhigt hat.
c) Ich fordere Peter auf, nach draußen zu gehen und sich abzureagieren.
d) Ich zitiere die beiden Streithähne zu mir und rede mit ihnen.

Frage 2:
Marianne ist sichtlich erregt. Sie weint und zittert am ganzen Körper. Sie sitzt zusammengekauert auf einen Sessel. Kurz vorher hatte sie eine Auseinandersetzung mit Silke.

Was tun Sie?
a) Ich gehe zu ihr und sage, sie solle sich nicht so anstellen. Sie sei selber Schuld am Streit.
b) Ich erkläre ihr sachlich die Zusammenhänge und daß sie keinen Grund hat, sich aufzuregen.
c) Ich gehe zu ihr, lege meinen Arm um ihre Schulter und warte, bis sie sich beruhigt hat. Dann frage ich: „Was hast du denn für Sorgen?“
d) Ich gehe zu ihr und frage, warum sie sich denn so aufregt.

Frage 3:
Sie haben einen Konflikt mit Michaela (16). Sie sitzt mit verschränkten Armen da, schaut finster und runzelt die Stirn.

Wie reagieren Sie?
a) Ich ärgere mich über das abwehrende Verhalten Michaelas. Ich lasse mich nicht so abschätzig von ihr behandeln.
b) Ich ärgere mich über mich, weil ich nicht an sie herankomme. Offensichtlich habe ich ein Kompetenzproblem.

c) Ich mache mir Gedanken darüber, warum sie mich nicht mehr mag und versuche, ihre Sympathie wiederzugewinnen.
d) Ich habe Verständnis dafür, daß sie in ihrem aufgewühlten Zustand die Dinge anders sieht als ich. Ich versuche, ihr ruhig und sachlich meinen Standpunkt zu erklären und frage sie um ihre Meinung. Ist sie nicht zur Kommunikation bereit, schlage ich vor, das Gespräch später fortzusetzen.

Frage 4:
Erwin (9) versucht, sich um die Erledigung der Hausaufgaben herumzudrücken. Mißmutig macht er sich dann unter Druck an die Arbeit. Er geht unkonzentriert vor, läßt sich leicht ablenken. Sie ermahnen ihn immer wieder, weiterzumachen. Sie werden langsam wütend. Er auch.

Wie interpretieren Sie die Situation?
a) „Erwin ist faul. Er braucht mehr Druck, wenn er arbeiten soll."
b) „Eine Unverschämtheit, wie der mit mir umgeht!"
c) „Erwin hat sichtlich ein Problem mit den Hausaufgaben."
d) „Erwin hat wahrscheinlich ein Problem mit mir."
e) „Es ist ärgerlich, daß es mir als gelernten Pädagogen nicht gelingt, ihn zum Arbeiten zu motivieren."

Kommentare zu den Antworten:

Frage 1:
zu a:
Geeignete Methode, die zur Deeskalation beitragen kann.

zu b:
Gute Methode, um über Bewegung ein Ausagieren zu erreichen. Dies geschieht unter Kontrolle und bietet Chancen zu einem klärenden Gespräch.

zu c:
Ein unkontrolliertes Ausagieren kann u.U. zu nicht-berechenbaren Reaktionen führen. Man sollte sicher sein, daß die Kontrahenten nicht aufeinandertreffen und die Erregung nicht zu hoch ist.

zu d:
Problematisch besonders dann, wenn Erregung recht hoch ist. Es könnte zu einer erneuten Eskalation kommen.

Frage 2:
zu a:
Dieses Vorgehen hilft dem Kind nicht weiter.

zu b:
Erregte Menschen sind rationalen Erklärungen gegenüber meistens nicht zugänglich. Sie können im Gegenteil als erregender Reiz wirken.

zu c:
Wenn die Erregung nicht zu hoch ist und das Kind körperliche Kontakte akzeptiert, ist dies eine gute Methode.

zu d:
Die Frage ist irrelevant und hilft nicht weiter.

Frage 3:
zu a:
Sie überbetonen den *Beziehungsaspekt* der Kommunikation: „Ich will nichts mit dir zu tun haben", oder „Ich sehe es als unter meiner Würde an, mit dir zu sprechen".
Könnten nicht andere Seiten der Kommunikation zutreffen?:
Sachaussage: „Ich kann dazu im Moment nichts sagen"
Selbstkundgabe: „Momentan kann ich das nicht zugeben, obwohl oder weil ich meine, du hast recht!"
Appell: „Laß mich bitte einen Moment in Ruhe!"
Analysieren Sie bitte außerdem was in Ihnen vorgeht:

1. Sie nehmen das Verhalten wahr.
2. Sie versehen das Verhalten mit einer negativen Bedeutung.
3. Das erzeugt ein Frustrationserlebnis.
4. Sie reagieren gereizt (→ Vielleicht reagiert Michaela darauf verärgert).

Alternativen:
Neutrale Sichtweise: Sie sehen den Vorfall wertfrei und sachlich.
Positive Sichtweise: „Michaela scheint betroffen. Das ist eine gute Basis für die weitere Kommunikation."
„Offensichtlich habe ich einen wunden Punkt getroffen. Vielleicht bietet das Denkanstöße, wie man ihr in Zukunft helfen kann."
Bei einer solchen Sichtweise fühlen Sie sich wohler. Sie wirken entspannter, was die Wahrscheinlichkeit erhöht, daß sich auch Michaela entspannt.

zu b:
S. unter a.

zu c:
Auf diese Weise geraten Sie in Abhängigkeit von Michaela. Sie reagieren nicht mehr professionell, da Sie Ihre eigenen Bedürfnisse nach Anerkennung befriedigen wollen statt zu überlegen, was für Michaela langfristig von Vorteil ist.

zu d:
Empfehlenswertes Vorgehen.

Frage 4:

zu a:

Gewagte Hypothese. Er ist offensichtlich unmotiviert bezüglich der Erledigung der Hausaufgaben. Das ist ganz normal. Die negative Bewertung des Kindes ist eher eine Beleidigung, die auch nicht weiterhilft.

zu b:

Sie überbewerten den Beziehungsaspekt. Entweder wird er sich bei anderen Betreuern auch so verhalten oder aber an Ihrer Einstellung und Methodik muß etwas geändert werden. Wenn Sie sich von ihm angegriffen fühlen, besteht die Gefahr, daß Sie sich ihm gegenüber unliebenswürdig verhalten, was zu einer Eskalation führen könnte.

zu c:

Ja! Entweder ist er überfordert oder aber die Lernsituation ist generell negativ für ihn besetzt. Die Gründe müssen gesucht und abgestellt werden. Der Psychologe ist gefragt.

zu d:

Vielleicht, siehe aber Kommentar unter b. Es ist z.B. denkbar, daß Sie zu starken Druck ausüben, ihm viele negative Signale senden in Form von Tadel, Kritik.

zu e:

Es ist normal, daß die Kinder nicht immer das tun, was wir wollen, insbesondere dann, wenn es keinen Spaß macht. Es bietet sich Ihnen hier die Chance, Ihr Know-how zu vertiefen und ihre pädagogischen Techniken zu verfeinern.

2.6 Strategie 6: Halte Kommunikation aufrecht

Nach der ausführlichen Darstellung grundsätzlicher Probleme im Zusammenhang mit der Kommunikation geht es hier eher um Einzeltechniken, die ein Gespräch in Gang bringen und aufrechterhalten können.

An folgende Möglichkeiten ist zu denken:
a) Wertschätzung signalisieren
b) Kommunikationstüröffner verwenden
c) Kommunikationskiller vermeiden
d) Dosiert reden
e) Schweigen konstruktiv nutzen
f) Blockaden erkennen und sinnvoll nutzen
g) Einfühlsame Feedbacks
h) Eigenes Erleben und Gefühle äußern, ohne Vorwürfe zu machen (Ich- Botschaften)
i) Einfühlendes Eingehen auf Gefühle und Erlebnisinhalte

a) Wertschätzung signalisieren

In der Regel wird ein emotional beeinträchtigter, z.B. wütender oder ängstlicher Mensch, sehr empfindlich sein, was das Selbstwertgefühl angeht. Übersensibel werden Reize, die eine entsprechende Verletzung signalisieren könnten, wahrgenommen. Dies führt zu einem Gefühl des Nicht-Angenommenseins oder löst Ärger und Aggression aus (vgl. Weber, 1993).

Andererseits kann eine wertschätzende Haltung des Gesprächspartners die Erfahrung vermitteln, geschätzt und positiv bewertet zu werden.

Man demonstriert eine solche Haltung durch die Vermeidung von Konfrontation. Es werden zunächst keine Standpunkte diskutiert, Meinungen nicht in Frage gestellt, Bewertungen vermieden. Denkinhalte, Emotionen und Verhaltensweisen des Kindes werden zunächst akzeptiert.

Wenn möglich versucht man, sich in die Erlebniswelt des Kindes einzufühlen, die Dinge so zu sehen, wie sie aus diesem Rahmen heraus gesehen werden müssen.

Man knüpft da an („joint"), wo sich das Kind befindet. Man begibt sich auf sein Niveau, fädelt sich in seine Welt ein. Es wird eine Haltung gezeigt, die signalisiert:

„*Ja,* ich akzeptiere dich so wie du bist!"

Geht man geschickt vor, erhöht sich die Chance, Kooperationsbereitschaft zu erzielen. Das Kind, der Jugendliche sieht keine Notwendigkeit, mit Widerständen zu reagieren, da der Betreuer ja nicht als Gegner oder als jemand, der einen beeinflussen möchte, gesehen wird. Man reagiert auf die *Ja-Haltung* des Pädagogen seinerseits mit dem Signal:

„*Ja* – ich fühle mich von dir angenommen!"

Der Betreuer kann auf dieser Basis das, was das Kind zur Verfügung hat – seine Ressourcen – geschickt ausnutzen.

Beispiel:
Peter (13) lebt im permanenten Konflikt mit Horst (15).
Es kommt heute wieder zu einer gewaltsamen Auseinandersetzung, wobei Peter durch seine Überempfindlichkeit und seine Neigung zu heftigen Reaktionen selbst eine wichtige Rolle spielt.
Aus seiner Sicht trägt der andere – Horst – die alleinige Schuld.
Immer wieder hatte man bisher versucht, ihm die Problematik seiner Sichtweise und seines Verhaltens näherzubringen. Man redete „vernünftig" mit ihm, gab ihm Ratschläge, wie er mit seiner leichten Erregbarkeit umgehen könnte und sparte nicht mit Vorwürfen.
Peter fühlt sich ungerecht behandelt. Eine Diskussion mit ihm ist nicht möglich. Stets kommt es zu Schreiereien, obwohl man sich freundlich um ihn bemüht. Er beschimpft die Erzieherinnen, die ihrerseits, um ihr Gesicht zu wahren, mit konsequenter Strenge reagieren.
Das wiederum bestärkt Peter im Gefühl des Nicht-Angenommenseins, was bei ihm Widerstand und Aufsässigkeit provoziert.

Beim heutigen Vorfall gelingt es der Gruppenleiterin Frau V., den weinenden Peter

in ihr Zimmer zu bringen. Sie bietet ihm einen Sessel an, setzt sich selbst schräg ihm gegenüber hin. Etwa fünf Minuten braucht Peter, um sich zu beruhigen. Er schluchzt ab und zu noch einmal.
V. schaut ihn mit etwas sorgenvoll-traurigen Blick an. Sie trifft auf diese Weise am ehesten die Stimmungslage Peters.
Sie reicht ihm ein Taschentuch. Während er sich die Augen abtrocknet, wischt sie ihm mit einem anderen Taschentuch sanft über die feuchte Wange. Peter tut dies sichtlich wohl. Schon entspannter lehnt er sich in den Sessel zurück. Frau V. macht das gleiche. Zum Reden ist er immer noch nicht bereit. Er geht offensichtlich davon aus, daß man ihm die üblichen Moralpredigten halten wird.
V. paßt ihre Sitzhaltung weitgehend der von Peter an. Sie bewegt sich etwa im gleichen Tempo und versucht, ihre Atemfrequenz auf die von Peter einzustellen. Man sitzt fünf Minuten so da. Peters Augen irren durch den Raum, bleiben kurz am Schrank mit der Limonade hängen.
V. steht auf, holt die Limonade und zwei Gläser. Sie gießt ein. Er nimmt das Glas, sie gleichzeitig und man trinkt gemeinsam.

V. versucht einen Vorstoß:
„Schon gut, wenn man mal aus der Scheißgruppe raus ist, wo man nur Ärger kriegt."

Normalerweise drückt sich Frau V. nicht so unkultiviert aus. Dies ist aber die Sprache Peters. Seine Sicht der Dinge wird so am ehesten zum Ausdruck gebracht.
Peter nickt, lehnt sich vor und sagt, noch eine Spur aufgeregt:
„Jedesmal, wenn ich ihn sehe, könnte ich diesem dämlichen Arschloch paar in die Fresse hauen!"
V. lehnt sich ebenfalls vor und erwidert in heftigen Ton, ähnlich dem Peters:
„Es juckt dir in den Fingern, ihm das Maul zu stopfen!"
Peter ist zwar etwas überrascht, freut sich aber sichtlich über das Verständnis, das ihm V. entgegenbringt.

V. lehnt sich entspannt zurück. Peter tut das Gleiche.
Die Erregung ist völlig von ihm gewichen. Er findet die Situation sichtlich angenehm.
V.: „Du bist dir selber nicht sicher, ob du den Horst lieber ein paar reinschlagen möchtest oder ihn lieber aus dem Wege gehen möchtest, um keinen Ärger zu kriegen."
Peter: „Ich hab doch vor diesem Blödmann keine Angst!"
V.: „Ist doch klar, daß du keine Angst vor ihn hast. Wenn du ihn schlägst, willst du ihn ja auch nur zeigen, wie er sich zu benehmen hat."
Peter: „Der kapiert das nur nicht!"
V.: „Stimmt! Vielleicht finden wir gemeinsam eine Sprache, die er versteht."

Nach weiteren fünfzehn Minuten Gespräch kommt man überein, sich am nächsten Tag wieder zu treffen, um einen gemeinsamen Schlachtplan zu entwerfen.

In einer Art Rollenspiel versucht man sich dann in die Sichtweise von Horst einzufühlen. Peter muß V. dabei helfen. Die Rollen sind jetzt umgekehrt.
Der bisherige Kreislauf ist jetzt schon unterbrochen, die Situation entspannt.
Man macht in den nächsten Tagen zwar noch Pläne, wie man sich in der akuten Situation verhalten könnte. Es gibt zwischen den beiden Jungs aber nur noch so wenig Reibungspunkte, daß man die Bemühungen bald einstellen kann.
Beide Jungen sind froh, daß der Spannungszustand beendet ist.

In diesem verkürzt dargestellten Beispiel übernimmt Frau V., spätestens ab dem Moment, wo sie sich entspannt zurücklehnt, die Führung. Sie nimmt die Gedanken und Gefühle von Peter auf, fügt aber neue Elemente hinzu. Sie interpretiert vage Zustände in eine bestimmte Richtung und legt indirekt bestimmte Lösungswege nahe.

Es versteht sich von selbst, daß man solche Vorgehensweisen gründlich üben muß. Sie erfordern eine fast therapeutische Haltung, gutes Beobachtungs- und Einfühlungsvermögen.

Die Technik hat zudem ihre Grenzen!
Sie ist nicht angebracht, wenn ein Jugendlicher dazu neigt, Bezugspersonen in seinem Sinne einzuspannen.

Beispiel:
Josefine, die wir im Beispiel auf Seite 29 schon kennengelernt haben, reagierte auf ein ähnliches Vorgehen zunächst sehr positiv. Der Betreuer hatte ein gutes Gefühl. Dann aber stellte sich heraus, daß J. die Situation dahingehend interpretierte, daß sie ihn in ihrer Gewalt hatte. Josefine hat ein starkes Machtmotiv.
Es gelang ihm nicht, sie auf die dargestellte Weise vom Gegenteil zu überzeugen. Er mußte deshalb direkter werden. Als er ihr außerdem im Zusammenhang mit einer Intrige, die sie gestartet hatte, klare Grenzen aufzeigen mußte, begann sie, ihn heftig zu attackieren.

Kinder und Jugendliche interpretieren die damit verbundene Haltung des Betreuers in der Regel als Zustimmung. Wenn sie jedoch objektiv etwas Problematisches getan, andere geschädigt oder beleidigt haben, kann dies ggf. als Verstärker wirken und somit die Wahrscheinlichkeit erhöhen, daß das Problemverhalten wieder auftritt.

Es gibt Situationen, in denen es sinnvoll ist, dem Kind zwar persönliche Wertschätzung zu signalisieren, das Ausmaß der Bedeutung des dem Konflikt zugrundeliegenden Problems aber herunterzuspielen, zumindest aber eine gewisse *Verständnislosigkeit* zu zeigen.

Wenn man an den Tatsachen sowieso nichts ändern kann, wird eine solche Haltung in vielen Fällen hilfreicher sein, als wenn man die Schwere des Problems betont.

Letztlich hängt sowieso vieles von der Bewertung ab. Objektiv gleiche Tatsachen können unterschiedliche bewertet werden und dadurch völlig unterschiedliche Emotionen hervorrufen *(s. a. Anhang: BEVA)*.

Beispiel:
Joachim (16) nimmt Drogen und ist seit vier Jahren bei verschiedenen Therapeuten in Behandlung. Nach einem Suizidversuch wird er in eine psychiatrische Klinik überwiesen.
Er ist es gewohnt, daß sich viele Helfer um sein Problem kümmern, mit ihm seine Vergangenheit aufarbeiten und ihm dabei viel Verständnis entgegenbringen.
Vom behandelnden Psychologen der Klinik erwartet er das Gleiche. Er schildert ihm seine traurige Kindheit: Seine Eltern seien geschieden und er habe sich nie geliebt gefühlt. Die anderen Therapeuten hätten ihm erklärt, dies sei der Grund, warum er depressiv sei und deshalb Drogen nehme.
Der Psychologe hat einen guten Draht zu Joachim, tut aber hier etwas völlig Unerwartetes:
Er erzählt ihm von seiner eigenen Jugend: Seine Eltern seien auch geschieden, er sei als Kind immer krank und bitter arm gewesen. Als Sechzehnjähriger habe er seine ostdeutsche Heimat auf der Flucht vor der Stasi über Nacht verlassen müssen. Unter Gefahren sei er nach Westdeutschland gekommen und habe dort nichts besessen außer das, was er auf dem Leibe gehabt habe ...
Seine Jugend sei objektiv wesentlich schlimmer als die Joachims. Wie erkläre er sich dann, daß er – der Psychologe – nie Drogen genommen oder Suizidgedanken gehabt habe?

In gewisser Weise zeigte der Psychologe in diesem Beispiel *Respektlosigkeit* dem Problem gegenüber. Auf Grund der vorhandenen Datenlage sprach einiges dafür, daß die Vergangenheit des Jungen durch manche Therapeuten sehr negativ bewertet wurde. Dadurch hatten sie den Jungen in seiner pessimistischen Weltsicht bestärkt. Möglicherweise haben sie ihn sogar die negative Sicht der Dinge eingeredet. Es wurde eine Kausalität konstruiert, die so nicht unbedingt zutreffen muß.

Durch die Vorgehensweise des „respektlosen" Psychologen wurde diese Weltsicht in Frage gestellt und die Chance für ein Neubeginn erarbeitet.

b) Kommunikationstüröffner verwenden

Türöffner ist ein Begriff von Gordon (1977). Er versteht darunter Erwiderungen, die keine persönlichen Gedanken, Urteile oder Gefühle des Empfängers übermitteln. Doch sie fordern den Sender dazu auf, an seinen Gedanken, Urteilen oder Empfindungen teilhaben zu lassen. Sie öffnen ihm die Tür, sie fordern zum Sprechen auf.

Die hier genannten Beispiele stammen teilweise von Gordon
- „Erzähl mal!"
- „Na, was gibt es?"
- „Möchtest du darüber sprechen?"
- „Erzähl mir mal die Geschichte!"
- „Ich höre."
- „Du willst sicherlich etwas darüber erzählen."
- „Die Sache ist dir wohl sehr wichtig."

- „Ah, mm!“
- „Interessant!“
- „Wirklich?“
- usw.

c) Kommunikationskiller vermeiden

Kommunikationskiller sind das Gegenteil von Türöffner. Es handelt sich um Aussagen, die dazu geeignet sind, den Kommunikationsfluß zu unterbrechen. Sie beinhalten eine negative Bewertung oder Vorwürfe, signalisieren geringe Wertschätzung, belehren:

- „Wie oft habe ich dir schon gesagt, daß ...“
- „Jetzt möchte ich doch mal gerne wissen, was das zu bedeuten hat!“
- „Was soll denn dieser Unsinn schon wieder?“
- „Wie konntest du nur so etwas tun?“
- „Das kann ich einfach nicht verstehen!“
- „Du trägst genauso viel Schuld wie die anderen!“
- „Trotzdem, erzähl mal!“, u.ä.

Destruktiv können sich auch folgende Reize auswirken (vgl. a. Gordon, 1977; Laux & Weber, 1993):

➢ *Geben von Anweisungen, Kommandos:*
„Was du tun mußt, ist auf die Erzieher zu hören!“

➢ *Warnen oder Drohen:*
Es kann aber durchaus angemessen sein, „natürliche Konsequenzen“ in ruhigen, sachlichen Ton anzukündigen (s. a. Manual zum Typ A).

➢ *Moralisieren oder Predigen:*
„So benimmt sich ein guter Junge nicht!“

➢ *Beurteilen, Verurteilen, Kritisieren:*
„Dein Benehmen ist unmöglich!“
„Du bist faul!“

➢ *Fehlende Anerkennung*
„Das wird ja auch allmählich Zeit daß Du das mal kapierst!“

➢ *Beschämen oder Lächerlichmachen:*
„Schämst du dich nicht für dein Verhalten?“
„Du bist wirklich zu nichts zu gebrauchen!“

➢ *Spott, Ironie*
„Da hast Du Dir ja wieder mal was geleistet!“
„Du bist echt ein Genie. Wie kann man nur so trottelig sein!“

➢ *Bloßstellungen vor anderen*
„Hört Euch das mal alle an!“
„Schaut mal, Petra ist schon wieder hysterisch!“

➢ *Belehren oder „logische“ Lösungen anbieten:*
„Es gibt keinen logischen Grund, so zu fühlen, Peter. Du hast eindeutig überreagiert!“

➢ *Analysieren, Diagnostizieren, Kategorisieren*
„Du machst das, weil Du Dein Minderwertigkeitsgefühl kompensieren möchtest!"
„Das ist wieder typisch Junge!"
„Du bist genauso wie Dein Vater!"
„Du bist doch bekannt dafür, daß ...!"

➢ *Nonverbale Signale*
Skeptischer Gesichtsausdruck
Abwehrende Bewegungen
Kopfschütteln

„Schatz, ich habe dich wirklich sehr lieb!" raunt er ihr nach einem längeren Besuch beim Eheberater ins Ohr. „Typisch, das ist wieder mal typisch! Kaum sind wir beim Berater weg, geht es wieder los: Ich, ich – immer ich!"
(Aus Neue Ruhr Zeitung)

d) Dosiert reden

Es wird fälschlicherweise bewußt oder unbewußt von der Annahme ausgegangen, daß ein Mehr an Einwirkungsversuchen auch ein Mehr an erwünschten Effekten mit sich bringt.

Redet man im Konfliktfall viel mit dem Kind, überfordert man jedoch meistens die Aufnahmekapazität. Es kann auch durchaus passieren, daß sich verärgerte Kinder über das „psychologische Gequatsche" aufregen, weil es ihnen „auf die Nerven geht".

Das wird insbesondere dann der Fall sein, wenn man den falschen Moment erwischt hat oder dem Kind Gespräche aufzwingen will.

Kommunikationshemmend ist es, wenn mehrere Personen gleichzeitig versuchen, mit dem Kind zu reden. Sollten sie sich nacheinander daran versuchen wollen, sind zumindest inhaltliche Absprachen zu treffen. Andernfalls läuft man Gefahr, daß zu viele Ebenen und Themen einfließen.

e) Schweigen konstruktiv nutzen

Sprechpausen sind für viele Menschen unerträglich. Nicht-Sprechen wird mit Nichts-Tun gleichgesetzt. Tatsächlich bietet sich in Pausen die Möglichkeit zur Beruhigung. Das Kind kann seine Gedanken ordnen.

Aber auch der Betreuer kann sich in der Zwischenzeit Gedanken über die Zusammenhänge machen, und versuchen, sich in das Kind einzufühlen.

Die Schweigepause kann genutzt werden, den Gegenüber zu beobachten. Registriert man Anzeichen der Entspannung, kann versucht werden, an einem günstig scheinenden Moment die verbale Kommunikation wieder aufzunehmen.

Schweigen bietet nonverbalen Signalen größere Chancen, wahrgenommen zu werden. Das Bewußtsein des Kindes ist nicht vom Zwang, verbale Informationen aufzunehmen gefordert oder überfordert.

f) Blockaden erkennen und sinnvoll nutzen

Nicht immer ist ein Zuviel an verbalen Beeinflussungsversuchen der Grund dafür, daß sich Kinder oder Jugendliche Gesprächen verweigern.

Bei emotional besetzten Themen muß man mit zwei weiteren Möglichkeiten rechnen:

1. Zeit und Ort sind nicht geeignet
Wahrscheinlich muß das Kind, der Jugendliche erst ein bißchen Abstand gewinnen, um über das Problem sprechen zu können. Es reicht dann, abzuwarten, bis das Kind von selber kommt. Oder man wartet einen anderen Zeitpunkt ab, der geeignet scheint.

Manche Themen bespricht man besser unter vier Augen oder zumindest nicht in Gegenwart der Kameraden.

Vielleicht ist man aber auch nicht der richtige Partner im Zusammenhang mit dem Thema.

2. Das Thema ist negativ besetzt
Hinweise auf überdauernde Blockaden ergeben sich oft aus dem Ausdrucksverhalten. Das Kind reagiert abweisend, zeigt vielleicht uneinfühlbare emotionale Reaktionen. Mitunter spürt man eine gewisse Ambivalenz: Das Thema ist zwar unangenehm, man ist aber auch nicht abgeneigt, darüber zu sprechen, vielleicht will man es sogar.

Es ist nicht immer ratsam, das Kind direkt darauf anzusprechen. Zunächst dürften in der Regel wiederum nonverbale Reaktionen sinnvoll sein:

- freundliches, ermutigendes Anschauen
- Pause machen, um Erregung abklingen zu lassen, u.ä.

Dann erst sollte man vorsichtig die Frage aufwerfen, ob da noch etwas ist:
- „Hab ich dich mit meiner Frage verletzt?“
- „Ich habe den Eindruck, du fühlst dich unwohl, wenn ich so etwas sage!“
- „Kann es sein, daß es dir schwer fällt, darüber zu sprechen?“

Hartnäckige und lang andauernde Kommunikationsverweigerung kann auf ein komplexes Problem hinweisen. Hier muß einfühlsam und geduldig vorgegangen werden, um eine Erhärtung des Widerstandes zu vermeiden.

Beispiel:
Marco, 15, ist nur widerwillig dazu bereit, mit dem Psychologen auf dessen Zimmer zu gehen und mit ihm zu sprechen. Auch mit jungen Erzieherinnen hat er Probleme und vermeidet den Kontakt, soweit es möglich ist.
Der Junge ist in der Einrichtung untergebracht, weil das Heim, in dem er vorher lebte, nicht mehr bereit war, ihn zu betreuen. Es war dort zu Aggressionen gegenüber kleineren Kindern aber auch Erzieherinnen gekommen.
Es stellt sich folgendes heraus:
Marco wurde von seiner Mutter verstoßen und ins Heim abgeschoben. Hier lebte er

seit seinem zweiten Lebensjahr. Dabei machte er mehrfach einen totalen Wechsel der Bezugspersonen durch. Die letzte Erzieherin in dieser Einrichtung kannte er seit vier Jahren. Sie kümmerte sich sehr intensiv um ihn, führte ihn in ihr Privatleben ein und war eine Art Ersatzmutter.
In seinem Alter interessierte er sich natürlich für Sexualität und machte sich Gedanken über seine Möglichkeiten beim anderen Geschlecht. Der Junge hat aber einen Klumpfuß und malte sich deshalb keine großen Chancen aus.
Zum Ersatz befriedigte er sich mit Damenwäsche. Die Erzieherin, die ihn betreut hatte, reagierte mit Entsetzen. Für sie war es unvorstellbar, daß der bis dahin niedliche und willige Junge solch „schmutzigen" Aktivitäten nachgeht. Sie ließ ihn von heute auf morgen fallen und wandte sich kleineren Kindern zu.
Marco war enttäuscht von der Erzieherin und wütend auf die kleinen Kinder, die von ihr aus seiner Sicht bevorzugt wurden. Es kam immer häufiger zu Reibereien. Man gab meistens ihm die Schuld, mit der Begründung, man vergreife sich nicht an Kleineren. Inzwischen ist bekannt, daß diese ihn wegen seines körperlichen Handikaps gehänselt haben.
Es wurden Psychiater und Psychologen eingeschaltet, die mit ihm über seine Probleme sprechen wollten. Mehrere Male wurden Befragungen und Tests durchgeführt. Marco fühlte sich ausgefragt und überfordert. Er weigerte sich, weiter in die Sprechstunden zu gehen. Sozialarbeiter und andere Mitarbeiter des Heimes versuchten es ebenfalls ohne Erfolg. Alle gingen davon aus, daß die Probleme mit seiner körperlichen Mißgestaltung zu tun hatten und das sei ihm peinlich. Sobald man ihn in dieser Richtung ansprach, wurde er wütend und zog sich zurück.
Als es dann zu einer tätlichen Auseinandersetzung mit der vorher geliebten Erzieherin kam, wurde er in die andere Einrichtung verlegt.

Hier wird er, nach Erkennung des Problems, von Aktivitäten verschont, die er als Therapie deuten könnte. Niemand spricht über seine Probleme, keiner kümmert sich scheinbar darum.
Es wird jedoch versucht, ihn mit nonverbalen Methoden, durch gezielte Beschäftigungstherapie, Milieutherapie und eher kumpelhafte Beziehungen ein realistisches Weltbild zu vermitteln.
Erst nach etwa drei Monaten gelingt es einem Psychologen, allmählich einen therapeutischen Rapport zu dem Jungen zu bekommen.

g) Einfühlsame Feedbacks

Feedbacks haben im wesentlichen folgende Funktionen:
1. Sie signalisieren dem Sender, daß der Empfänger zuhört, sich für sein Problem interessiert und ermutigen so zum weitersprechen.
2. Sie lassen erkennen, daß die gesendete Botschaft richtig verstanden wurde. Wenn nicht, kann eine Korrektur angebracht werden.
3. Sie regen zur Selbstexploration an.
4. Sie bieten dem Empfänger eine Möglichkeit, fördernd und unterstützend auf den Sender einzuwirken.

zu 1:
Schon einfachste Signale des Empfängers demonstrieren Interesse:
Nonverbale Signale:
- Anschauen
- Mit dem Kopf nicken
- Sich vorbeugen
- Dem Sender näherrücken
- Berührungen

Insbesondere fehlender Blickkontakt führt zum Gefühl, daß der andere nicht zuhört und somit zum Kommunikationsabbruch.

Verbale Signale:
- „Hm"
- „Ach ja"
- „Oh!"
- „Interessant!"
- „Erzähl weiter!"
- „So kann man das auch sehen."
- „Das habe ich nicht verstanden!"
- „Kannst Du das nochmals wiederholen?"
- „Und dann?"

zu 2 und 3:
Der Mensch kann aus einem emotionalen Strudel herausgezogen werden, wenn man ihm hilft, *seine Gedanken zu ordnen*. Dies ist zu erreichen, indem man versucht, die subjektiven, verworrenen und emotionsgefärbten Zustände auf eine eher kognitive Ebene zu verlagern. Dabei werden die Äußerungen des Senders möglichst genau registriert und mit einfachen, klaren Worten zusammengefaßt. Interpretationen und Kausalitätsfragen sind jedoch zu vermeiden.

In der Literatur unterscheidet man zwischen zwei Formen der Wiedergabe (s. z.B. Pallasch, 1987):

a) Paraphrasieren:
Hier wird der sachliche Teil der Aussagen des Kindes durch den Betreuer wiedergegeben.

„Du hast in diesem Moment versucht, Dich zu rächen!"

Hier muß darauf geachtet werden, daß man die Aussagen des Kindes möglichst nicht wörtlich wiederholt, weil dies u.U. als Nachäffen aufgefaßt werden könnte.

b) Verbalisieren:
Hier wiederholt der Pädagoge das, was für ihn emotional herüberkommt.

„Das hört sich an, als wärst Du jetzt noch sehr wütend."

Einbezogen werden können hier auch *non-* bzw. *paraverbale Signale* des Senders oder Pausen:

➢ „Das erweckt den Eindruck, daß Dir das noch sehr nahe geht."
➢ „Du hast jetzt lange nichts mehr gesagt. Könnte es sein, daß es Dir noch schwer fällt, darüber zu reden?"

Der Sender kann den Empfänger im Zweifelsfalle korrigieren. Er bekommt gleichzeitig etwas Abstand, weil er sich nunmehr auf kognitiver Ebene mit seinen Gefühlen auseinandersetzen muß. Das Bemühen, sich so auszudrücken, daß der andere seine Gefühle versteht, unterbricht einen großen Teil der Automatik.

zu 4:
Der Empfänger kann durch positive Signale das Selbstwertgefühl des Senders heben und dadurch ggf. zur Entspannung beitragen:

➢ „Ich finde, das ist ein gutes Argument."
➢ „Deine Sichtweise hat etwas für sich."
➢ „Ich finde es gut, wie sachlich wir beide ein so schwieriges Thema angehen."

Destruktive Feedbacks:

Es gibt Feedbacks, die unerwünscht, abwertend oder in anderer Weise destruktiv sind. Beispiele:

- Hinweise auf angebliche Persönlichkeitseigenschaften:
  „Was Du sagst, ist wieder mal typisch für deine Dominanzsucht."
- Kategorisieren:
  Das ist typisch Mann/Frau
- Hinweis auf akutes scheinbares oder tatsächliches unangemessenes Verhalten:
  „Du bist ganz schön aggressiv".
- Analysieren:
  „Du verdrängst diese Tatsachen, weil du das Problem nicht sehen möchtest".

Solche und ähnliche Aussagen sind unerbeten, abwertend und somit aggressionsauslösend.

h) Eigenes Erleben und Gefühle äußern, ohne Vorwürfe zu machen (Ich-Botschaften)

Der Begriff „Ich-Botschaften" wurde von Gordon geprägt. Sie sind eine Sonderform von Feedbacks und beinhalten drei Komponenten:

1. Das Kind erfährt, was dem Betreuer als Problem erscheint.
2. Es wird auf die möglichen Auswirkungen hingewiesen. Das ist wichtig, weil diese gerade in emotional geführten Auseinandersetzungen häufig vergessen werden.
3. Die Betroffenheit des Betreuers wird signalisiert. Dadurch bekommt das Problem

aus einer anderen Sicht heraus Prägnanz. Der egozentrische Standpunkt muß wenigstens teilweise aufgegeben werden.

Beispiele für *Du-Botschaften* (in Anlehnung an Gordon, 1977, S. 112):
a) *Du* hörst jetzt sofort mit Streiten auf!
b) *Du* bist jetzt auf der Stelle still, sonst wirst du mich kennenlernen
c) *Du* benimmst dich wieder mal daneben.
d) Warum hast *du* das getan?

Solche Botschaften enthalten Vorwürfe, Befehle, Ermahnungen. Es wird moralisiert und inquisitorisch ausgefragt. Dies kann Widerstand hervorrufen.

Die „Übersetzung" in *Ich-Botschaften:*
a) *Ich* finde es schade, daß ihr euch so streitet. So können wir das Problem nicht lösen.
b) *Ich* kann leider nichts verstehen, wenn alle gleichzeitig sprechen. Ich kann mir deshalb keine Meinung bilden.
c) *Ich* bin betrübt, daß die Regel nicht eingehalten worden sind und wir deshalb jetzt Streit haben.
d) *Ich* bin ratlos, wie es dazu kommen konnte, kann euch deshalb jetzt auch noch nicht helfen.

Setzt man diese Technik geschickt ein, kann dem Kind Hilfe geboten werden, sich in den Gesprächspartner einzufühlen und auf diese Weise einen destruktiven Kreislauf zu unterbrechen. Ich-Botschaften bieten dem Sender zudem eine Chance, Interpretationen des Empfängers zu korrigieren. Die setzt aber voraus, daß sich dieser zwar betroffen aber nicht feindselig zeigt.

In der Praxis hat es sich nicht als sinnvoll herausgestellt, ständig krampfhaft nach Ich-Botschaften zu suchen. Das wirkt unecht und technisch. Gordons Anregung sollte deshalb als Bereicherung der Kommunikationsmöglichkeiten verstanden werden und nicht als Alternative.

Die Technik könnte in folgenden Fällen schädliche Auswirkungen haben:
- Die Erregung ist bereits so hoch, daß das Kind, der Jugendliche kognitiv nicht mehr erreichbar ist.
- Es besteht keine gute Beziehung zwischen Betreuer und Kind. Die Betroffenheit des Erziehers ist in diesem Falle irrelevant.
- Der Erzieher ist selbst sehr erregt. Hier besteht die Gefahr einer verbal und paraverbal ungeschickten Ich-Botschaft, was zu einer Eskalation beitragen kann.
- Die Ich-Botschaft wirkt aggressiv und vorwurfsvoll („Das macht mich jetzt wütend!")
- Es handelt sich um ein Verhalten vom Typ A-Verhalten des Kindes.

Um letzteres zu illustrieren:

Tritt mir ein Kind in voller Absicht gegen das Schienbein und freut sich über mein schmerzverzerrtes Gesicht, wäre es durchaus im Gordon'schen Sinne, wenn ich mit einer Aussage reagieren würde wie:

„Au, das hat mir wehgetan! Ich mag es nicht, wenn man mich tritt".

Ggf. hätte ich dem Kind damit aber auch signalisiert, daß es genau das erreicht hat, was es wollte, nämlich mir eins auszuwischen.

i) Einfühlendes Eingehen auf Gefühle und Erlebnisinhalte

Eine weitere Feed-Back-Variation ist das *Einfühlende Verstehen*, eine Grundtechnik der klientzentrierten Psychotherapie. Bei Tausch & Tausch (1991, S. 180) heißt es dazu:

> „Wir teilen dem anderen im Gespräch jeweils das mit, was wir von seiner inneren Welt verstanden haben, was die Äußerungen für sein Selbst und sein Fühlen bedeuten. Geschieht dieses in einer konkreten, einfach verständlichen, erlebnisnahen, nicht-wertenden, akzeptierenden und anteilnehmend-sorgenden echten Form, so werden folgende Vorgänge beim anderen ausgelöst: Der andere fühlt sich in seiner inneren Welt tief verstanden, fühlt sich nicht alleine gelassen, verkannt oder vergessen"

Nicht damit gemeint sind somit nach Tausch & Tausch oberflächliche floskelhafte Äußerungen, wie:

- „Ich habe so etwas ähnliches erlebt wie du, aber ich habe es anders gelöst!"
- „Kopf hoch, es wird schon werden!"
- „Du gibst immer so schnell auf!"

Es geht *nicht* um eine Bewertung der inneren Erlebniswelt des anderen und nicht um den Versuch der Manipulation.

Hilfreich können Aussagen sein, wie:

➢ „Du hast Angst, daß du morgen keinen Besuch bekommst, stimmt das?"
➢ „Kann es sein, daß du dich ungerecht behandelt fühlst?"
➢ „Laß uns an einen anderen Ort gehen, da spricht es sich leichter!"

Solche Aussagen beinhalten keine Diagnosen, Ratschläge oder Urteile.

Einfühlend können aber auch *nonverbale* Gesten sein:

➢ Reichen eines Taschentuches, wenn es sich abzeichnet, daß das Kind weint, oder es dies bereits tut.
➢ Das Kind, den Jugendlichen einfühlsam in den Arm nehmen und zum Weinen ermutigen.

Auch diese Technik ist nicht unproblematisch!

Zunächst könnte beim Kind der Eindruck entstehen, daß man seine Schimpfereien, Drohungen oder körperlichen Aggressionen billigt und entschuldigt. Sie sollte deshalb auf jedem Fall mit klaren Einschränkungen und Grenzen verbunden sein, in dem Sinne von:

„Ich glaube, ich verstehe, was in dir vorgeht, ich kann es aber nicht zulassen, daß du jemand anderen Schaden zufügst!"

Ungeschickte und nicht situationsangemessene Verbalisationen können außerdem zur Eskalation beitragen.

Liegt man beispielsweise mit seiner Einschätzung daneben, fühlt sich das Kind erst recht nicht verstanden. Einem Jungen, dessen Maxime es ist, „cool" zu erscheinen und zu vermitteln, daß man meine, er sei „ganz schön aufgeregt", wird man in seinem Stolz verletzen, *gerade, weil* man richtig liegt.

Fragen zu den Ausführungen auf den Seiten 54–67

Frage 1:

Sie haben einen Konflikt mit ihrem dreieinhalbjährigen Sohn. Er weint und schreit: „Ich mag dich nicht mehr!"

Wie reagieren Sie?

a) Ich denke: „Mein kleiner Schatz wird sich gleich wieder beruhigen!" und lasse ihn eine Weile in Ruhe.
b) Ich denke: „Mein Gott, ich habe ihn so frustriert, daß er mich jetzt nicht mehr liebt! Was soll ich nur tun?!"
c) Ich paraphrasiere: „Du bist jetzt ganz schön wütend auf mich!"
d) Ich sende eine Ich-Botschaft: „Es macht mich traurig, daß du mich ablehnst!"
e) Ich bin sauer und spreche drei Stunden nicht mehr mit ihm.

Frage 2:

Marianne (14) weint, ist sichtlich erregt. Sie will aber nicht mit der Sprache heraus.

Was tun Sie?

a) Ich sage: „Wenn du mit mir nicht reden willst, kann ich dir auch nicht helfen"
b) Ich schaue sie sorgenvoll an und frage: „Möchtest du reden?". Lasse sie aber in Ruhe, wenn sie nicht will.
c) Ich erkläre ihr, daß mir ihr Verhalten nicht imponiert. Wenn sie ein Problem habe, möge sie sich sachlich und klar ausdrücken.
d) Ich reiche ihr ein Taschentuch und sage: „Ich bin nebenan, wenn du mich brauchst."
e) Ich nehme sie tröstend in die Arme.

Frage 3:

Horst (11) und Jan (12) haben einen heftigen Streit. Sie beschweren sich bitter bei Ihnen jeweils über den anderen.

Welche Aussagen halten Sie für sinnvoll:

a) Zu Horst: „Ich kann den Jan gut verstehen, daß er so reagiert hat!"
b) Zu Jan: „Du bist selber schuld, daß du einen drübergekriegt hast!"

c) Zu beiden: „Wie oft habe ich euch schon gesagt, ihr sollt euch nicht immer streiten!“
d) „Wie kann man denn nur so ungeschickt reagieren!“
e) „Das hast du davon, daß du immer so aggressiv bist!“
f) „Es wäre nett, wenn ihr hintereinander redet, dann kann ich euch besser verstehen“
g) „Das ist etwas zu viel auf einmal, ich kann euch im Moment nicht mehr folgen!“
h) „Laßt uns zusammen in die Küche gehen und was trinken!“
i) „Ihr hört jetzt sofort mit dieser Schreierei auf!“
j) „Ich bin jetzt etwas verwirrt!“
k) „Ich kann schon verstehen, daß du dich so aufregst. Du mußt dich aber besser beherrschen!“

Kommentare zu den Antworten:

Frage 1:
zu a:
Das Kind wird wahrscheinlich in wenigen Minuten das Problem vergessen haben, wenn man so reagiert.

zu b:
So schnell verliert man die Liebe eines Kindes nicht. Wenn man sich zu viele Sorgen macht, handelt man unnatürlich, übertrieben.

zu c:
Das ist zwar eine professionelle Reaktion, in einer Alltagssituation aber nicht angemessen. Sie wirkt unnatürlich, mitunter unverständlich und somit frustrierend.

zu d:
Ebenfalls professionell aber überzogen und nicht situationsangemessen.

zu e:
Das Kind mit seinen flüchtigen Emotionen wird keinen Zusammenhang sehen zwischen ihrer langen Verstimmtheit und seinem Ausraster. Wahrscheinlich wird es total verunsichert. Sie haben möglicherweise selber ein Problem mit Emotionen. Reagieren Sie zu schnell und zu heftig?

Frage 2:
Akzeptable und brauchbare Lösungen außer:
a und c:
Marianne kann in diesem Moment keinen klaren Gedanken fassen und vernünftig reden.

Frage 3:
zu a:
Parteinahme. Dies führt zur Benachteiligung eines Konfliktpartners.

zu b:
Destruktive Schuldzuweisung.

zu c:
Anweisung, die per se problematisch ist. Selbst wenn die Kinder sie akzeptierten, wüßten sie nicht, wie sie diese umsetzen könnten.

zu d:
Abwertung und somit aggressionsfördernd.

zu e:
Pauschalisierung, Anklage (s. o.).

zu f:
Wertfreie, freundliche Aufforderung.

zu g:
Geschickte Ich-Botschaft.

zu h:
Szenenwechsel, Aktivität, die zur Entspannung beitragen kann.

zu i:
Fraglich, ob die Kinder das umsetzen können.

zu j:
Brauchbare Ich-Botschaft.

zu k:
Ungeschickte Ich-Botschaft. Ratschlag ist wahrscheinlich nicht umsetzbar. Wie macht man das – sich beherrschen?

2.7 Strategie 7: Bearbeite und löse Probleme

Die jetzt folgenden Techniken beziehen sich schwerpunktmäßig auf die Bearbeitung der eigentlichen zugrundeliegenden Probleme. Folgende Möglichkeiten werden vorgeschlagen:
a) Lasse Gefühle zu
b) Zuhören statt diskutieren
c) Offene Fragen stellen – „Warum"-Fragen nur selten benutzen
d) Problematische Ereignisse beschreiben lassen
e) Zusammenfassung der Aussagen der Beteiligten
f) Taktvoll auf Widersprüche aufmerksam machen

g) Erlebnisse aktualisieren und weiterentwickeln
h) Gezielt Beobachtungsaufträge geben
i) Video- und Tonbandaufzeichnungen einsetzen
j) Unparteiisch vermitteln bei Konflikten
k) Trotz allen Verständnisses – Grenzen setzen!

a) Lasse Gefühle zu

Wie erleichternd es sein kann, wenn man sich ausweint oder seine Wut herausschreit, ist jedem bekannt.

Daß Kinder und Jugendliche nicht immer die Gefühle zeigen, die sie im Moment haben, hat unterschiedliche Ursachen. Teilweise handelt es sich um durchaus situationsadäquates Verhalten. Ein Kind, das Angst zeigt, kann Opfer einer Aggression vom Typ A werden. Um dies zu vermeiden, demonstriert es Mut und Stärke, die aber nicht vorhanden ist (= Sekundäre Emotion, s. S. 35). Unter diesen widerstreitenden Bedingungen wird es jedoch sehr schwer sein, sich so zu verhalten, daß man ohne Probleme der Situation entfliehen kann: Zeigt man Angst, wird man Opfer oder erleidet Schaden an seinem Selbstwertgefühl. Zeigt man Mut, wird man vielleicht zusammengeschlagen.

Es kann sehr gut tun, wenn der Betreuer dem Kind nach einem Konflikt signalisiert, daß es ganz normal ist, wenn man in bestimmten Situationen Angst hat und dann Wut entwickelt. Das Kind braucht keine Rolle mehr zu spielen, z.B. die des starken Machos, der souverän über allen Problemen steht. Es darf sich ausweinen, seine Wut herausschreien. Wenn es sich wieder beruhigt hat, kann man gemeinsam und gezielt Lösungen finden, wie man in Zukunft mit den Problemen und Konflikten fertig werden kann. Dann darf das Kind sich vielleicht selber zugeben, daß es Angst hat und diese Angst ganz natürlich ist.

Es muß aber auch trainiert werden, wie es mit bestimmten Situationen umgehen kann, ohne Schaden zu nehmen aber auch ohne das Gesicht zu verlieren.

In der Praxis ist immer wieder die Erfahrung zu machen, daß sich Menschen, wenn sie sich ausgeweint haben, nicht nur erleichtert fühlen, sondern auch bereit sind, sich mit dem Problem näher zu beschäftigen. Jetzt besteht die Chance, sich neu zu orientieren, Einstellungen und Verhalten in Frage zu stellen und zu ändern.

b) Zuhören statt diskutieren

Kürzlich kam ein Mitarbeiter in das Büro des Autors, setzte sich hin und begann zu sprechen. Etwa eine viertel Stunde ließ er seinen Frust über die Arbeitsbedingungen, über die unkollegialen Kollegen und über die frechen Kinder raus.
Der Autor hörte zu, nickte bisweilen mit dem Kopf, demonstrierte Interesse, sagte aber kein Wort.
Plötzlich steht der Mitarbeiter auf, gibt dem Autor die Hand und sagt: „Herr Dutschmann, Sie haben mir sehr geholfen!"

Das meinte er völlig im Ernst. Er bestätigte am nächsten Tag, daß es ihm nach diesem „Gespräch“ viel besser gegangen sei.

Es ist eine alltägliche Erfahrungstatsache, daß die Welt ganz anders aussehen kann, wenn man jemanden über seine Sorgen erzählt hat. Deshalb sind geduldige Zuhörer, die selbst wenig reden, oft geschätzte „Gesprächs-“partner.

Trotzdem ist es normal, daß man dazu neigt, schnell mit Kommentaren, Gegenargumenten, Beschwichtigungen, Beschuldigungen, Ratschlägen etc. auf Problemschilderungen zu reagieren. Man gerät dadurch schnell in Diskussionen. Geht es dabei um Probleme, die einen starken emotionalen Beiklang haben, redet man möglicherweise aneinander vorbei, zerredet das Problem.

Mitunter gelingt es, durch geschickte Dialektik und Rhetorik, seinen Gesprächspartner zu überreden. Das Problem muß dann noch lange nicht gelöst sein.

Gordon (z.B. 1977) beschäftigt sich ausführlich mit den pädagogischen Möglichkeiten des Zuhörens. Er unterscheidet dabei zwei Arten:

1. Passives Zuhören

Passives Zuhören (Schweigen) kann dem Menschen das Gefühl geben, angenommen zu werden. Man kann sich aussprechen und Dampf ablassen.

Der Empfänger enthält sich Kommentare, bietet nur ab und zu bestätigende Reaktionen, wie Kopfnicken, interessierte Blicke.

2. Aktives Zuhören

Durch *aktives Zuhören* zeigt man, daß man eine Botschaften inhaltlich verstanden hat. Es wird aber *nicht* interpretiert, bewertet oder ein Standpunkt bezogen. Dem Kind soll lediglich signalisiert werden, daß man versucht, sich in seine Welt einzufühlen.

Durch aktives Zuhören gelingt es vielleicht, das Problem auf eine kognitive, faßbare Ebene zu heben.

Beispiel:

Kind: Schaut ängstlich, ist nervös aber auch sichtbar wütend.
Pädagoge: „Bedrückt dich etwas?“
Kind: Schweigt
Pädagoge: „Hat es etwas mit Frau K. (Lehrerin) zu tun?“
Kind – scheinbar patzig: „Nein, mit Herrn L.“ (Erzieher, der mit dem Kind Schulaufgaben macht.)
Pädagoge: „Hast du Angst, heute Nachmittag mit ihm Schularbeiten zu machen?“
Kind: „Ja, der schimpft immer gleich los und dann werde ich immer ganz doof im Kopf.“
Pädagoge: „Es ist für dich keine Hilfe, wenn man mit dir rumschnautzt.“
Kind: Schüttelt mit dem Kopf, kämpft mit den Tränen.
Pädagoge: „Ich glaube, es ist besser, wenn jemand anders mit dir Schulaufgaben macht.“
Kind: Nickt mit dem Kopf, schluchzt.
Pädagoge: „Ich werde gleich mit Herrn L. sprechen.“

Mit dieser Methode sind aber auch erhebliche Gefahren verknüpft!

Durch die Art der Fragestellung induziert man häufig Art und Inhalt der Antworten. Bei der Neigung vieler Menschen mit „Ja“ oder „Nein“ zu antworten, können schnell ganze Gedankenketten und Kausalitäten künstlich erzeugt werden. Eine klare Frage induziert eine klare Antwort. Das gilt auch für Sachverhalte, die nicht so klar sind. Die Erinnerung ist besonders im Zusammenhang mit emotional gefärbten Ereignissen sehr unzuverlässig und schwammig. Ja-Nein-Antworten bringen aber subjektive Klarheit mit sich, die mit den objektiven Gegebenheiten nicht übereinstimmen müssen.

Umgang mit Schweigsamen

Vielen Kindern und Jugendlichen fällt es schwer, über Probleme zu sprechen. Das kann mehrere Ursachen haben:

1. Das Kind hat keine Probleme, obwohl dies die Betreuer meinen.
2. Das Kind kann aktuell nicht über seine Probleme reden.
3. Das Kind kann tatsächlich nur schwer über Probleme reden, insbesondere dann, wenn sie mit Gefühlen zu tun haben.
4. Das Kind fühlt sich überfahren, verbal überwältigt, „zugeblubbert“.

Über die im Text geschilderten Möglichkeiten hinaus, könnten folgende Techniken hilfreich sein, mit solchen Kindern zu kommunizieren (in Anlehnung an Beck et al., 1996):

- Der Betreuer übernimmt eine Zeitlang das Sprechen, bittet das Kind aber um Einverständnis. Wenn sich dann die Blockade löst, kann er sich allmählich zurücknehmen.
- Dem Kind wird vorgeschlagen, seine Gedanken und Gefühle aufzuschreiben.
- Es können Handsignale oder andere Zeichen ausgemacht werden: „Ich werde dir jetzt über meine Ideen über deine Gefühle erzählen. Wenn eine Idee zutrifft, hebe bitte die rechte Hand. Wenn sie falsch ist, hebe die linke Hand.“
- Man kann mit dem Kind einen Spaziergang machen. Häufig verlieren sich dann die Hemmungen.

c) Offene Fragen stellen – „Warum“-Fragen nur selten benutzen

Offene Fragen sind solche, die im Gegensatz zu den eben beschriebenen nicht mit „ja“ oder „nein“ beantwortet werden können.

Sie dienen dazu, ein Gespräch zu eröffnen und im Gang zu halten. Sie können auch dazu beitragen, die Fakten so zu ordnen, daß daraus Erkenntnisse zu gewinnen sind. Geschickt eingesetzt können sie emotionale Deeskalierung fördern und das Problem auf eine kognitivere Ebene verschieben.

Geschicktes und gezieltes Fragen allein kann die Lösung herbeiführen, ohne daß man letztere explizit formuliert. Die Betroffenen merken ggf. selbst, daß sie in der akuten Situation Fakten verzerrt wahrgenommen oder zu heftig reagiert haben. Sie können dann in einer Weise antworten, die es verhindert, daß sie das Gesicht verlieren. Sie können z.B. ausweichend mit einem „Ich weiß nicht“ oder ähnlichem reagieren. Der Lerneffekt stellt sich aber u.U. dennoch ein.

Zwei Regeln sollte man berücksichtigen:

1. Vermeide zu viele „Warum“-Fragen:
„Warum“-Fragen werden häufig eher als Tadel aufgefaßt:
- „*Warum* bist du denn immer so aggressiv!“
- „*Warum* hast du Peter schon wieder geschlagen?“

Selbst, wenn das Kind sich nicht über darüber ärgert- es dürfte doch alles klar sein: Peter hat angefangen. Und aggressiv (was ist das eigentlich?) ist der Gefragte sowieso nicht. Am ehesten wird man also *seine Sicht* der Dinge in Erfahrung bringen.

Ist es noch etwas in Erregung, könnte seine Wut wieder neu entfacht werden und sich gegen den Frager richten, der ja offensichtlich parteiisch ist und kein Verständnis signalisiert.

Selbst, wenn man eine andere – objektive, sachliche – Antwort erwartet und das Kind auch so versteht, wird diese wenig ergiebig sein.

Erregte Menschen handeln häufig spontan, ohne Überlegung. „Warum“ wissen sie selber häufig nicht. Die Frage erfordert aber eine Antwort, die man entweder nicht geben kann, oder auf die man eine aufs Geratewohl geben muß.

Meistens geht es zudem um psychologische Inhalte: Motive, Beweggründe. Es wird ein beträchtliches Maß an Selbstbeobachtungsfähigkeit gefordert. Besonders für Kinder aber auch für weniger intelligente und einschlägig geübte Jugendliche ist das eine Überforderung.

Man kann deshalb davon ausgehen, daß die meisten Antworten auf solche Fragen für das Verständnis der Zusammenhänge und zum Zwecke der Problemlösung wertlos sind. Sie können sogar auf die falsche Spur führen.

Die Frage nach dem *Warum* kann aber bezüglich der Motive anderer zur Distanzierung und Entemotionalisierung beitragen:

„Warum meinst du, hat Peter sich dann geärgert?“

Auf diese Weise kann die Einfühlung in die Motive und Erlebnisweisen des anderen gefördert werden.

2. Setze die 5W-Technik ein!
Als Alternative bieten sich Fragen an, die mit *Was, Wer, Wie, Wann* oder *Wo* eingeleitet werden (5W-Technik):

➢ „*Wie* würdest du dein Problem beschreiben?“
➢ „*Wie* hast du dich in diesem Moment gefühlt?“
➢ „*Was* geschah dann?“
➢ „*Wann* kam es zu der Schlägerei?“
➢ „*Wo* habt ihr euch in diesem Moment befunden?“

- „*Wer* kam dann noch hinzu?“
- „*Was* denkst du jetzt darüber?“

Solche Fragen können konkret beantwortet werden. Sie erfordern ein Minimum an kognitiven Aufwand und bieten wenig Anlaß für Mißverständnisse.

Es gibt keine „richtigen“ oder „falschen“ Antworten, kein „ja“ oder „nein“. Die Gefahr, daß man in das Kind etwas hineinfragt, ist nicht mehr ganz so groß (aber noch vorhanden!).

Es ist nicht so einfach, diese Technik konsequent durchzuhalten. Man sollte deshalb nicht zu streng mit sich selber sein. Andererseits kann das Bemühen um ein solches Vorgehen auch den Betreuer aus einer Automatik befreien. Der Zwang, eine andere Formulierung zu finden als man es bisher gewöhnt war, bringt neue Aspekte und somit vielleicht neue Lösungsansätze ins Spiel.

d) Problematische Ereignisse beschreiben lassen

Mit dieser Technik kann versucht werden, Ordnung in die Gedanken zu bringen. Die aktive Auseinandersetzung mit dem Problem, das Gefühl, *Übersicht zu gewinnen*, wirkt entspannend.

Haben mehrere Kinder miteinander einen Konflikt, kann es durch die gemeinsame Beschreibung der Vorgänge zur Klärung von Mißverständnissen kommen. Allerdings benötigen Kinder hier geschickte Hilfe durch Erwachsene, da sie sich sonst schnell wieder in ihren Konflikt hineinsteigern können. Merkt man bei der gemeinsamen Beschreibung, daß sich erneut Emotionen anbahnen, muß man den beginnenden Kreislauf durch geschickte Fragen unterbrechen (5W-Technik).

Interpretationen, Vermutungen über die Zusammenhänge, Kausalitäten oder gar Schuldfragen könnten sich wie oben ausführlich dargelegt, eher destruktiv auswirken. Der Betreuer muß immer wieder daran erinnern, bei reinen wertungsfreien Beschreibungen zu bleiben.

Auch er selbst läuft Gefahr, zu schnell Kommentare abzugeben, Meinungen zu äußern oder gar Partei zu nehmen. Die Beteiligten versuchen, ihn mitunter explizit in dieser Richtung zu beeinflussen, suchen Bestätigung für ihre Meinung und erwarten, daß er sich auf ihre Seite stellt.

Unversehens gerät er dann in eine Diskussion und wird möglicherweise Glied in der Konfliktkette.

e) Zusammenfassung der Aussagen der Beteiligten

Immer dann, wenn eine überschaubare Reihe von Inhalten geäußert wurde, versucht der Betreuer eine kurze Zusammenfassung. Hier werden die wichtigsten Gedankengänge und Zusammenhänge dargestellt.

Dadurch kann sichergestellt werden, daß sich alle Beteiligten richtig verstanden haben. Mißverständnisse, die möglicherweise der Auslöser für das Problem waren, werden beseitigt.

Es ist durchaus hilfreich, wenn der Betreuer tatsächlich oder scheinbar Schwierigkeiten bei der Zusammenfassung hat. Er kann dann um Hilfe der Kinder anfragen, die ihrerseits veranlaßt werden, das Problem abstrakter und somit distanzierter anzugehen.

Die Technik ist besonders sinnvoll einsetzbar, wenn das Gespräch zu entgleiten droht. Insofern ist es auch eine gute Selbstkontrolle für den Betreuer, wenn er die Neigung haben sollte, durch die Einbeziehung zu vieler Ebenen und Fakten den Faden zu verlieren und damit die Kinder zu verwirren.

f) Taktvoll auf Widersprüche aufmerksam machen

Mitunter können *Konfrontationen* hilfreich sein. Hierbei handelt es sich um Feststellungen, die auf Widersprüche in Verhalten, Haltungen und Aussagen aufmerksam machen. Das ist nicht zu verwechseln mit Bloßstellen oder Anklagen.

Der Sinn ist die Bewußtmachung der eigenen Rolle bei einem Konflikt. Das Kind, der Jugendliche soll lernen, sich selber in einer konstruktiven Weise in Frage zu stellen und sich über die Folgen eigener Handlungen im klaren zu werden.

Daß hier äußerst taktvoll und einfühlsam zumindest aber sachlich vorzugehen ist, versteht sich von selbst. Das Kind wird nur von jemanden entsprechende Denkanstöße entgegennehmen, zu dem es Vertrauen hat.

Konfrontationen sollten eher selten eingestreut werden und nur dann, wenn sich die Aufregung weitgehend gelegt hat.

Beispiele:

- „Peter, ich habe eben beobachtet, daß du sehr aufgeregt warst und die Marianne angeschrien hast. Du beklagst dich aber – und das kann ich gut nachempfinden – über ihre unfreundliche Art. Habt ihr euch den gegenseitig eine Chance gegeben, nett zueinander zu sein?“
- „Du möchtest, daß ich dir in diesem Konflikt beistehe, schreist mich aber an. Würdest du mir helfen, wenn ich dich so behandeln würde?“

Konfrontationen sind auch bei Verhaltensweisen einsetzbar, bei denen der Verdacht auf eine starke instrumentelle Komponente besteht, oder bei solchen, wo man hoffen kann, daß durch Erzeugung von Betroffenheit ein Lernprozeß eingeleitet werden kann (s. a. Manual zum Typ A, Kapitel „Betroffenheit“).

Beispiel:

Manuela (15) ist wegen aggressiver Verhaltensstörungen, Schulverweigerung und Weglaufen in einer heilpädagogischen Einrichtung untergebracht. Sie spielt sehr intensiv mit Emotionen und setzt sie geschickt zur Verhaltenssteuerung anderer Personen ein. In der Einrichtung ist es die Regel, daß erst bestimmte Pflichten zu erfüllen sind, bevor Rechte gewährt werden.

In der Werktherapie erklärt sie heute in Gegenwart ihres verantwortlichen Therapeuten, des Werktherapeuten und mehrerer Kameradinnen lautstark, es sei ihr „scheißegal“ ob sie Ausgangssperre kriege, wenn sie nicht mehr zur Therapie komme.

Die Therapeuten gehen davon aus, daß die anderen Mädchen ein gutes Publikum sind und entsprechend verhaltensauslösend auf Manuela wirken.

Die Reaktion der Therapeuten ist deshalb knapp gehalten, um den „Unterhaltungseffekt“ und somit das Erfolgserlebnis für das Mädchen möglichst klein zu halten: „Du kennst die Regeln!“
Die Mädchen sind sichtlich beeindruckt von Manuelas Mut. Sie schaut triumphierend lächelnd um sich und verläßt türeschlagend den Raum.
Die Bewunderung ihrer Kameradinnen wandelt sich schnell in Gleichgültigkeit um. Außerdem sind sie den ganzen Tag außer Hauses, weil sie ihren Beschäftigungen nachgehen und ihre Freizeit genießen.
Manuela hingegen sitzt gelangweilt in der Gruppe.
Am nächsten Tag sucht sie wütend ihren Therapeuten auf. Sie fände es „beschissen“, daß sie Ausgangssperre habe und zu dieser blöden Werktherapie wolle sie auch nicht mehr gehen.
Der Therapeut tut erstaunt:
„Manuela, du hast gestern gesagt, es sei dir scheißegal, wenn du Ausgangssperre kriegst. Jetzt hast du sie, regst dich aber auf. Das verstehe ich nicht!“
Das intelligente Mädchen bemerkt den Widerspruch, wird ruhiger.
Manuela:
„Aber zu der Werktherapie möchte ich nicht mehr.“
Therapeut:
„Es ist dir da sicher ziemlich langweilig. Denke aber daran, daß wir zusammen mit dir und deiner Mutter die Vereinbarung getroffen haben, daß du dort hingehst. Du wolltest ihr beweisen, daß es dir gelingt, etwas durchzuhalten, auch wenn es dir nicht immer Spaß macht. Ist das richtig?“
Manuela: Nickt
Therapeut:
(Nach einer Pause). „Was schlägst du denn vor, was wir jetzt tun?“
Manuela findet keine Alternative und geht ab sofort wieder zur Werktherapie.

g) Erlebnisse aktualisieren und weiterentwickeln durch Imagination

Das Kind wird gebeten, sich ein nicht mehr aktuelles Stadium des emotionsträchtigen Ereignisses, z.B. den Beginn eines Konfliktes, ganz konkret vorzustellen und es so zu schildern, als würde es in diesem Moment ablaufen. Bei geschlossenen Augen soll es sich die Szene möglichst genau vorstellen. Der Betreuer stellt Fragen, wie das Kind die Situation erlebt und fühlt. Gefragt wird nach der Stimmung, was das Kind sieht, riecht, spürt.

Eine solche Aktualisierung der Erlebnisse bietet sich an, wenn sich der Eindruck ergibt, daß das Kind von eher rationalen Angehensweisen, wie sie eben geschildert wurden, nicht profitiert. Die Technik ist außerdem gut geeignet, komplexere Vorgänge unter Einbeziehung emotionaler Erlebnisinhalte zu bearbeiten.

Beispiel:
Pädagogin:
„Susanne, ich würde gern einmal wissen, wie das eben bei deinem Streit mit Peter gelaufen ist.

Bitte tu doch einmal so, als ob du jetzt wieder mit Peter zusammen bist. Beobachte dich und Peter, was jetzt passiert. Wie fühlst du dich.
Wer ist denn noch im Raum?
Was tut Peter jetzt?
Wo befindest du dich – wo Peter? ..."

Die Schilderungen des Kindes bieten einen Einblick, wie es die Situation erlebt hat.

Durch geschicktes Verbalisieren kann man ihm Verständnis signalisieren und Hilfen bieten, ggf. noch vorhandene restliche Spannung weiter abzubauen. Dabei wird es meistens nicht zu problematisch sein, wenn sich das Kind in Erinnerung der Ereignisse nochmals in Erregung steigert. Jetzt besteht ja die Möglichkeit, diese mit Hilfe der Pädagogin aufzufangen.

Diese kann sich nachträglich in die Ereignisse einfädeln und versuchen, mögliche Alternativen auf Vorstellungsebene zu erarbeiten. Das Kind erlangt dadurch ein Gefühl der Situationsbeherrschung, was sich auch positiv auf zukünftige ähnliche Ereignisse auswirken kann:

„Susanne, es ist wirklich ärgerlich, was Peter zu dir gesagt hat. Ich finde es o.k., daß du dich jetzt aufregst.
Was wäre denn aber passiert, wenn du einfach weggegangen wärst. Stell dir das doch einmal vor ...
Gehe von Peter weg! ...
Schließe die Augen, vielleicht kannst du dir das dann besser vorstellen ...
Ich bin jetzt der Peter ... ich will dich ärgern ... aber du ...
gehst einfach weg ...
ich stehe ganz schön blöd da ...
zerreiße vor Wut mein Heft ..."
Susanne lacht.

h) Gezielt Beobachtungsaufträge geben

Bei immer wieder vorkommenden Konflikten kann man dem Kind den Auftrag geben, bei den ersten Anzeichen des Auftretens, gezielte Beobachtungen zu machen. Es soll aufschreiben, wie das Problem beginnt, was sich dabei abspielt. Außerdem soll es sich selbst genau beobachten. Am besten gibt man ihm eine Liste mit psychischen und physischen Erscheinungen mit, die bei Aufregung auftreten kann:

- Herzklopfen
- Zittern
- laut Schreien
- Zuschlagen
- Aufregung

Das Kind soll dann in der akuten Situation an der entsprechenden Stelle ein Kreuz machen.

Man kann dieses Vorgehen damit begründen, daß man dem Kind nur dann helfen kann, wenn man über die Vorgänge genauestens Bescheid weiß. Man brauche deshalb mehr Informationen.

Bei jüngeren Kindern sind gemalte Symbole besser geeignet:
- weinendes Gesicht
- Faust
- Offener Mund (für Schreien)
- Hand (für Schlagen)

Das Kind kreuzt die geballte Faust an, wenn es den Drang verspürt, die Faust zu ballen, das weinende Gesicht, wenn Tränen kommen etc.

Die Symbole erarbeitet man individuell und gemeinsam mit dem betroffenen Kind.

Meistens funktioniert die Methode natürlich nicht. Entweder vergißt das Kind im richtigen Moment seinen Auftrag. Oder aber es denkt daran, versucht, sich zu beobachten und seine Kreuze zu machen.

Dann ergibt sich jedoch eine ganz andere Situation. Da es sich ja um eine eher beobachtende, kognitiv gesteuerte Haltung bemüht, wird der Situation die emotionale Spannung entzogen, eine Eskalation kann vermieden werden.

Dieses Vorgehen funktioniert natürlich eher bei älteren und intelligenteren Kindern. Es kann sich aber durchaus lohnen, damit auch mit jüngeren Kindern zu experimentieren.

i) Video- oder Tonbandaufzeichnungen einsetzen

Die verbale Rückkoppelung eines emotionalen Zustandes führt häufig zu keiner Einsicht, Betroffenheit oder zu einer Verhaltensänderung im erwünschten Sinne.

Einem erregten Menschen zu sagen, er sei jetzt sehr erregt, kann durchaus zu Ärger und Aggressionen führen.

Hinzu kommt, daß die Erinnerung an den eigenen Gefühlsausdruck häufig nicht realistisch ist.

Video- oder Tonaufnahmen von Konfliktgesprächen können schon bei der Aufzeichnung eine kontrollierende Wirkung ausüben. Häufig bemüht man sich um Steuerung und Sachlichkeit.

Wenn dies nicht gelingt, ist man beim Anschauen oder Anhören der Aufnahmen in der Regel sehr beeindruckt. Die Betreuer brauchen meistens keinen Kommentar abzugeben. Zumindest steigert sich die Bereitschaft, in ähnlichen Situationen sachlicher zu reagieren.

j) Unparteiisch vermitteln bei Konflikten

Nur selten kommt es vor, daß Konflikte zwischen Kindern sachlich ablaufen. Schnell kommt es zu einem emotional geführten verbalen oder brachialen Schlagabtausch.

Vermittlungsversuche haben die größte Erfolgswahrscheinlichkeit, wenn die Beteiligten an einer Beilegung des Konfliktes interessiert sind oder zumindest eine Chance besteht, sie von der Nützlichkeit einer friedlichen Lösung zu überzeugen.

Folgende Regeln sollte man einhalten:
1. Rechtzeitig eingreifen
2. Kontrolle bewahren, Regeln einhalten
3. Übersetzung ins Sachliche
4. Deutlichkeit, Klarheit herstellen
5. Verständnis, Einfühlung fördern
6. Akzeptable Lösungen finden

zu 1. Rechtzeitig eingreifen

Da die Wahrscheinlichkeit einer gewalttätigen Auseinandersetzung steigt, je länger eine emotional geführte Interaktion andauert, ist ein rechtzeitiges vermittelndes Eingreifen angezeigt.

Die Intervention sollte jedoch nicht zu lange dauern. Ggf. sollte man weitere Gespräche auf einen anderen Zeitpunkt verschieben.

zu 2. Kontrolle bewahren, Regeln einhalten

Wichtig ist, daß man versucht, von Anfang an die Kontrolle über sich und die Situation zu bewahren.

Dabei kann die Berufung auf Regeln helfen.

Der taktvolle aber bestimmte Hinweis auf bestehende Regeln kann zudem einen Konflikt depersonalisieren. Die Kontrahenten bekommen eine Chance, sich zurückzunehmen, ohne dabei das Gesicht zu verlieren. Als Vermittler kann man Hilfestellungen mit Bemerkungen geben wie:

- „Wenn man aufgeregt ist, ist es gar nicht so leicht, sich an die Regeln zu erinnern"
- „Erstaunlich, wie du es schaffst, in einer solchen Situation die Regeln einzuhalten"

Im Gespräch achtet man außerdem darauf, daß Kommunikationsregeln eingehalten werden, die dazu beitragen können, ein weiteres emotionales Entgleisen zu vermeiden.

Dabei ist auf konkrete Relevanz zu achten. Es muß vermieden werden, daß die Kontrahenten sich vergangene „Sünden" vorhalten. Klagende Monologe sollten taktvoll unterbrochen und um die Äußerung konkreter Belange gebeten werden.

zu 3. Übersetzung ins Sachliche

Man kann den Beteiligten helfen und gleichzeitig als Vorbild dienen, wenn man emotional geladene Aussagen in sachlichere übersetzt.

Wenn das Gespräch emotional entgleitet, kann versucht werden, durch eine Zusammenfassung die Kontrolle wiederherzustellen und die Gemüter zu beruhigen. Man lenkt so immer wieder auf Inhalte zurück und von destruktiven Ausdruck von Gefühlen ab.

Beispiele:
„Das dämliche Arschloch hat mich von der Seite angemacht!"
Übersetzung:
„Peter hat dich angeguckt und du hast dich provoziert gefühlt"

„Die soll sich das nicht noch mal erlauben sonst schlage ich dieser dämlichen Fotze paar in die Fresse!"

Übersetzung:
„Du möchtest, daß sich das nicht nochmals wiederholt. Du könntest sonst wütend werden!"

Achtung!
Die Beteiligten betrachten es nicht selten als feindseligen Akt, wenn man *nicht* auf ihrer Seite ist. Man muß auch dann, wenn man eine neutrale Haltung einnimmt, mit entsprechenden Feindseligkeiten rechnen.

Dies muß man in Kauf nehmen. Selten wenden sich dann alle Beteiligten gegen den Vermittler. Sollte dies dennoch der Fall sein, ist der Konflikt wenigstens zwischen ihnen entspannt.

zu 4. Deutlichkeit, Klarheit herstellen
Oft ist es sinnvoll, gemeinsam mit den Kontrahenten zu formulieren, was eigentlich gewollt wird. Das wissen die einzelnen Betroffenen oft nicht oder haben nur eine diffuse Vorstellung. Den Kindern wird geholfen, sich möglichst konkret auszudrükken.

zu 5. Verständnis, Einfühlung fördern
Der Vermittler kann versuchen zu zeigen, daß die Sichtweise des Kontrahenten aus dessen Standpunkt heraus einen Sinn macht. Ist die Erregung nicht zu groß, kann er beispielsweise einen Rollentausch vorschlagen, bei der jeder Beteiligte versucht, das Problem aus der Sicht des anderen zu sehen.

zu 6. Akzeptable Lösungen finden
Vorsichtig sollte man mit Lösungsvorschlägen sein, auch wenn sie ausdrücklich von den Beteiligten erwünscht sind. Erfahrungsgemäß werden sie häufig nicht akzeptiert oder als undurchführbar angesehen. Das kann zu neuen Konflikten führen. Als Vermittler versucht man, Lösungen zu stimulieren, die von den Beteiligten selbst kommen. Dabei ist es nicht notwendig, perfekte Ergebnisse zu erzielen. In der Regel reicht es, wenn man sich in kleinen Punkten näherkommt. Dies kann einen konstruktiven *Prozeß* in Gang setzen, der wichtiger ist *als das Ziel.*

Es sollten möglichst viele Lösungsmöglichkeiten gefunden werden, bevor man sie auf ihre Brauchbarkeit überprüft..

Häufig sind die ersten vorgeschlagenen Lösungen unangemessen, stimulieren aber die Produktion neuer.

Die Rolle des Vermittlers bei der Suche nach Lösungen besteht zunächst hauptsächlich im Zuhören. Er gibt Lösungsvorschläge mit seinen Worten wieder (paraphrasieren – s.o.) wobei er gleichzeitig durch Wortwahl und Tonfall Respekt signalisiert.

Erst gegen Ende des Gespräches versucht man, die Vorschläge zusammenzufassen und auf Elemente von Machbarkeit zu überprüfen. Dabei werden die positiven Ansätze betont und herausgestellt, auch wenn sie nicht so bedeutsam erscheinen.

Möglichst unter Berücksichtigung der Vorschläge der Kontrahenten, kann der Vermittler nunmehr vorsichtig seine Vorschläge einbringen.

Die Konfliktparteien müssen nicht mit allen Vorschlägen übereinstimmen. Es kann schon sehr hilfreich sein, wenn dies bei einigen Punkten der Fall ist. Das baut Brücken und bewirkt einen Lerneffekt.

Am Ende des Vermittlungsversuches faßt man alles noch einmal zusammen und bittet um eine Schlußerklärung der Beteiligten. Das trägt zur Konkretheit bei und stellt sicher, daß man sich gegenseitig wirklich verstanden hat.

Ein Lob für die gute Zusammenarbeit kann nichts schaden.

k) Trotz allen Verständnisses – Grenzen setzen!

Alle bisher dargestellten Techniken haben zum Ziel, dem Kind, dem Jugendlichen bei der Überwindung von Problemen zu helfen. Dabei wird viel Verständnis und Einfühlung demonstriert. Das hat aber seine Grenzen da, wo die Rechte anderer beginnen. Ein Mensch kann noch so gefrustet sein, leiden und trauern. Es kann aber nicht zugelassen werden, daß er daraus auf Kosten anderer Kapital schlägt oder seiner Umgebung Schaden zufügt. Kinder und Jugendliche können und müssen lernen, verantwortlich zu handeln. Erlebt ein Kind immer wieder, daß es sich unter Emotionen durchsetzen kann, Zuwendung und Verständnis erfährt, besteht die Gefahr, daß es lernt, Gefühlsäußerungen instrumentell einzusetzen.

Immer wieder ist in diesem Zusammenhang zu hinterfragen, inwieweit psychologische Erklärungen eines Problemverhaltens von den Betroffenen als Entschuldigung aufgefaßt werden. Ein brutaler Schläger, der hemmungslos in Wut gerät, wenn die Dinge nicht so laufen, wie er es will, beruft sich gern auf die Erklärung seines Therapeuten, er sei als Kind von seinen Eltern so frustriert worden, daß er jetzt als Jugendlicher gar nicht mehr anders könne.

Auch der Schläger mit einer traurigen Kindheit muß lernen, für sein Verhalten Verantwortung zu tragen!

Fragen zu den Ausführungen auf den Seiten 69–81

Frage 1:
Elke (15) hat eine Auseinandersetzung mit ihrem Lehrer gehabt. Sie ist dabei sehr unliebenswürdig geworden. Jetzt ist sie ganz verzweifelt, daß sie Ärger bekommen könnte. Sie kann ihre Erregung nicht verbergen und kämpft mit den Tränen.

Welche Aussagen Ihrerseits halten Sie für angemessen?

a) „Komm, jetzt weine dich erst mal richtig aus. Dann kannst du viel besser reden“ (Sie legen Ihren Arm um ihre Schulter.)
b) „Wo ist das denn passiert?“
c) „Was – meinst du – hat der Lehrer in diesem Moment gedacht?“
d) „Was hast du denn in diesem Moment gedacht?“

e) „Wie ist es dir danach gegangen?"
f) „Erzähle mal, wie sich die Situation entwickelt hat" (Sie fragen dann gelegentlich nach weiteren Einzelheiten.)
g) „Laß mich mal bitte zusammenfassen, um zu sehen, ob ich alles verstanden habe: Herr K. hat vor der ganzen Klasse gesagt, du hast die Unterschrift deiner Mutter gefälscht. Du hast dich dabei ganz beschissen gefühlt. Die ganze Klasse hat zugeschaut und du hast dich geschämt. Geärgert hat dich besonders, weil es nicht richtig war, was Herr K. gesagt hat. Dann hast du losgeschrien und ihn ein altes Arschloch genannt ..."
h) „Warum bist du denn so ausgeflippt?"

Frage 2:
Elke (15), Dorothee (14) und Markus (15) sind in einen heftigen Streit verwickelt. Sie stehen kurz vor einer gewalttätigen Auseinandersetzung.

Welche Verhaltensweisen und Aussagen des Betreuers halten Sie für sinnvoll?
a) Streiten lassen. Sie sollen ihre Angelegenheiten selber regeln.
b) Die Kontrahenten trennen und sagen: „Laßt uns darüber reden, wenn wir uns etwas beruhigt haben!"
c) Den Aufgeregtesten in den Arm nehmen, ruhig mit ihm sprechen und zur Seite führen.
d) „Wenn jetzt die Schreierei nicht sofort aufhört, kriegt ihr was von mir zu hören!"
e) „Jetzt gebt euch die Hände und vertragt euch wieder!"
f) „Ich kann es nicht zulassen, daß ihr hier so miteinander umgeht. Es ist nicht einfach, jetzt sachlich zu bleiben. Versucht es aber bitte, dann kommen wir der Lösung vielleicht näher!"
g) „Wer hat mit dem Streit angefangen?"
h) „Elke!" (Betreuer macht kurze Pause) „Sage bitte, was dein Problem ist." Danach fragt der Betreuer die anderen.
i) „Dorothee und Markus, versucht doch bitte mal das Problem aus der Sicht des anderen zu sehen!"
j) „Was könnte Markus dazu bewegt haben, plötzlich so loszuschreien? Was hättet ihr an seiner Stelle getan?"

Kommentare zu den Antworten:

Frage 1:
zu a:
Emotionen werden zugelassen, was erleichternd wirken kann. Die Art der Aufforderung vermindert die Wahrscheinlichkeit, daß sich Elke ihrer Emotionen schämt.

zu b, c, d, e, f, g:
Sinnvoll in einem fortgeschrittenen Stadium des Gespräches, wenn die Emotionen etwas abgeflaut sind.

zu h:
Wenig sinnvolle „Warum“-Frage.

Frage 2:
zu a:
Gefährlich. Es könnte zu einer schwer beeinflußbaren Eskalation kommen.

zu b:
Günstig, wenn die Spannung schon recht hoch ist.

zu c:
Günstig dann, wenn das Kind nicht zu erregt ist und grundsätzlich körperliche Berührungen vom Betreuer akzeptiert. Der Inhalt der Kommunikation ist hier nicht einmal so wichtig. Es kommt darauf an, daß sie ruhig vorgebracht wird.

zu d:
Kann funktionieren, wenn man große Macht über die Kinder hat. Ob das Problem damit gelöst wird, ist fraglich.

zu e:
Funktioniert meistens nicht. Die Kinder sind wütend aufeinander. Die geforderte Aktion ist geradezu paradox und kann Abwehr hervorrufen.

zu f:
Kann durchaus probiert werden. Es kann sein, daß die Beteiligten froh sind, wenn man auf diese Weise regelnd eingreift.

zu g:
Natürlich immer der andere.

zu h:
Auf diese Weise kann das Problem versachlicht werden. Jeder hat die Chance, sich zu artikulieren.

zu i, j:
Brauchbare Techniken, wenn die Erregung weitgehend abgeklungen ist. Eine gewisse Intelligenz der Beteiligten ist Voraussetzung.

Raum für Notizen

Literatur

Antonowsky, A. (1979). *Health, stress and coping.* San Francisco: Jossey-Bass.

Beck, A.T., Rush, A.J., Shaw, B.F. & Emery, G. (1996). Kognitive Therapie der Depression. M. Hautzinger (Hrsg.). Weinheim: Beltz.

Bohart, A. (1980). Toward a cognitive theory of catharsis. *Psychotherapy. Theory, Research and Practice, 17,* 192–201.

Cobb, S. (1976). Social support as a moderator of life stress. *Psychosom. Med, 38,* 300–314.

Comer, R.J. (1995). *Klinische Psychologie.* Heidelberg: Spektrum, Akad. Verl.

Dutschmann, A. (1982). *Aggressivität bei Kindern. Handbuch für die pädagogische Praxis.* Dortmund: Modernes Lernen.

Dutschmann, A. (1993a). Praxis der Verhaltenssteuerung. In *Pädagogik in Bewegung* (S. 281–289). Eschweiler: Astrid-Lindgren-Schule.

Dutschmann, A. (1993b). Der Umgang mit hoch erregten, aggressiven Kindern und Jugendlichen. In *Materialien zur rheinischen Psychiatrie – Gewalt und Psychiatrie.* Köln: Landschaftsverband Rheinland.

Dutschmann, A. (1994a). Aggressionen und Störverhalten in der Schulklasse. In K. Reschke (Hrsg.), *Zur gesunden Schule unterwegs* (S. 185–201). Regensburg: Roderer.

Dutschmann, A. (1994b). Flexibilität und Kreativität im Umgang mit verhaltensauffälligen Kindern und Jugendlichen. In *Brücken für Kinder* (S. 19–30). Landschaftsverband Rheinland: Köln.

Dutschmann, A. (1995). *Aggressivität bei Kindern und Jugendlichen – Steuerung hoch erregten Verhaltens.* Tübingen: dgvt-Verlag.

Ellsworth, P.C., Carlsmith, J.M. & Henson, A. (1972). Staring as a stimulus to fight in animals: a series of field studies. *Journal of Personality and Social Psychology, 21,* 302–311.

Erickson, M.H. & Rossi, E.L. (1981) *Hypnotherapie. Aufbau Beispiele – Forschungen.* München: Pfeiffer.

Fisher, J.D., Rytting, M. & Heslin, R. (1976). Hands touching hands: affective and evaluative effects of an interpersonal touch. *Sociometry 39,* 416–421.

Forgas, J.P. (1994). *Soziale Interaktion und Kommunikation. Eine Einführung in die Sozialpsychologie.* Weinheim: PVU.

Frank, J.D. (1973). *Persuasion and healing.* Baltimore: John Hopkins Press.

Franks, C.M. (Ed.). (1969). *Behavior Therapy. Appraisal and Status.* New York: McGraw-Hill.

Frijda, N.H. (1988). *De emoties. Een overzicht van onderzoek en theorie.* Amsterdam: Uitgeverij Bert Bakker.

Gordon, Th. (1977). *Familienkonferenz. Die Lösung von Konflikten zwischen Eltern und Kind.* Hamburg: Hoffmann und Campe.

Greenberg, L.S. & Safran, J.D. (1987). *Emotion in psychotherapy. Affect, cognition and the process of change.* New York: The Guilford Press.

Haley, J. (1978). *Gemeinsamer Nenner Interaktion.* München: Pfeiffer.

Hobrücker, B. (1990). Die Technik der Nachbefragung in der stationären Behandlung aggressiver Verhaltensstörungen im Kindesalter. *Praxis der Kinderpsychologie und Kinderpsychiatrie, 39,* 38–44.

Jourard, S.M. (1966). An exploratory study of body accessibility. *British Journal of Social and Clinical Psycholog, 5,* 221–231.

Laux, L. & Weber, H. (1993). *Emotionsbewältigung und Selbstdarstellung.* Stuttgart, Berlin, Köln: Kohlhammer.

Lazarus, R.S., Kanner, A.D. & Folkmann, S. (1980). Emotions: A cognitive-phenomenological analysis. In R. Plutchik & H. Kellermann (Eds.), *Emotion: theory, research and experience* (189–217). New York: Academic Press.

Mandler, G. (1984). *Mind and body: The psychology of emotion and stress.* New York: Norton.

Milmoe, S., Rosenthal, R., Blane, M.T., Chafetz, M. & Wolf, I. (1967). The doctor's voice:postdictor of successful referral of alcoholic patients. *Journal of Abnormal Psychology, 72,*78–84.

Pallasch, W. (1987). *Pädagogische Gesprächsführung. Lern- und Trainingsprogramme zur Vermittlung pädagogischer Gesprächs- und Beratungskompetenz.* Weinheim und München: Juventa.

Reschke, K. (1994). *Zur gesunden Schule unterwegs. Problemfelder der Schulpsychologie: Alltagsdrogen, Gewaltbereitschaft und Hyperaktivität.* Regensburg: S. Roderer.

Rice, M.E., Harris, G.T., Varney, G.W. & Quinsey, V.L. (1989). *Violence in institutions. Understanding, prevention, and control.* Toronto: Hogrefe & Huber.

Rogers, C.R. (1980). *Klientzentrierte Gesprächspsychotherapie.* München: Kindler.

Rosenzweig, S. (1944). An outline of frustration theory. In J. Hunt (Ed.), *Personality and behavior disorders.* Vol.1. MCV: New York.

Schachter, S. & Singer, J.E. (1964). The Interaction of cognitive and physiological determinants of emotional State. In L. Berkowitz (Ed.), *Advances in experimental social psychology* (49–80).(Vol. I). New York: Academic Press.

Schaefer, C., Coyne, J.C. & Lazarus, R.C. (1982). The health-related function of social support. *Behavioral Medicine, 4,* 381–406.

Schulz von Thun, F. *(1993). Miteinander reden 2: Stile, Werte und Persönlichkeitsentwicklung.* Reinbeck: Rowohlt.

Schulz von Thun, F. (1994). *Miteinander reden 1: Störungen und Klärungen.* Reinbeck: Rowohlt.

Seligman, M.R.E.P. (1975). *Helplessness: on depression, development and death.* San Francisco: Freeman.

Tausch, R. & Tausch, A. (1991). *Wege zu uns und anderen.* Hamburg: Rowohlt.

Tavris, C. (1983). *Anger: the misunderstood emotion.* New York: Simon & Schuster.

Ulich, D. (1982). *Das Gefühl. Eine Einführung in die Emotionspsychologie.* München: Urban & Schwarzenberg.

Verres, R. & Sobez, I. (1980). *Ärger, Aggression und soziale Kompetenz.* Stuttgart: Klett-Cotta.

Watzlawik, P., Beavin, J. & Jackson, D. (1974). *Menschliche Kommunikation.* Bern, Stuttgart, Toronto: Huber.

Watzlawik, P. (1977). *Die Möglichkeit des Andersseins.* Bern, Stuttgart, Wien: Huber.

Weber, H. (1993). *Ärger. Psychologie einer alltäglichen Emotion.* Weinheim & München: Juventa.

Anhang 1

Selbsteinschätzung der Reaktionen auf Pädagogische Problemsituationen (SEPP)

Dieser Fragebogen dient der Selbsteinschätzung subjektiven Erlebens eigener physiologischer und emotionaler Reaktionen und möglicherweise objektiv beobachtbaren Problemlöseverhaltens in pädagogischen Streß– und Konfliktsituationen.

Wenn möglich, bearbeitet man ihn unmittelbar nach oder besser während der problematischen Situation. Man erhält dadurch Material zur späteren Evaluation des eigenen Problemlöseverhaltens. U.U. gelangt man schon während der Konfliktsituation durch die bewußte Bearbeitung des Fragebogens in einen souveräneren Zustand, der ein gezieltes Problemlöseverhalten erleichtert.

Je stärker ein Phänomen auftritt (angedeutet durch die Ziffern »0«–tritt nicht auf, »1«– ist spürbar, »2«– tritt stark auf), um so höher ist die Wahrscheinlichkeit, daß man sich in einem Streßzustand befindet, der gezielte und sachkundige pädagogische Reaktionen erschwert. Ob die Bearbeitung nützlich ist, hängt natürlich von der Ehrlichkeit sich selbst gegenüber ab.

In der nachfolgenden Erklärung wird teilweise auf Hintergründe und Bedeutung der Fragen eingegangen (s. Numerierung).

In und nach der Problemsituation waren folgende Erscheinungen bei mir und durch mich beobachtbar (ankreuzen):

	nicht------spürbar-------stark
1. Muskelverspannung	0————1————2
2. Herzschlag schneller und/oder kräftiger	0————1————2
3. Zittern	0————1————2
4. Gesichtsfarbe verändert (blaß, rot)	0————1————2

	nicht------spürbar-------stark
5. Veränderungen der Atmung (langsamer, schneller, unregelmäßig, Stocken)	0———1———2
6. Erhöhte Schweißabsonderung	0———1———2
7. Trockener Mund	0———1———2
8. Sensationen im Magen-Darmtrakt	0———1———2
9. Heftigkeit der Reaktionen	0———1———2
10. Einfache Reaktionen	0———1———2
11. Extreme Reaktionen, Radikalität	0———1———2
12. Reaktion auf Nebensächlichkeiten	0———1———2
12. Denkblockaden	0———1———2
13. Generell negative Bewertung des Kindes (bzw. Konfliktpartners	0———1———2
14. Unkoordinierter Sprachgebrauch	0———1———2
15. Viel Reden	0———1———2
16. Laute Stimme	0———1———2
17. Eher kindgemäßes Verhalten	0———1———2
18. Was tritt am ehesten auf:	
a) Schnellerer Herzschlag	
+	
Kräftigerer Herzschlag	0———1———2
+	
Blässe, Zittern	0———1———2
oder	
b) Verlangsamung des Herzschlages	0———1———2

ERLÄUTERUNGEN

Zu 1:
Muskelspannung ist ein wichtiges Symptom allgemeiner Aktivierung und tritt somit bei Erregung auf. Der Körper befindet sich in erhöhter Reaktionsbereitschaft.

Wichtig, aber nicht immer direkt beobachtbar sind insbesondere Verspannungen an Stirn, Nacken, Kinn und Gliedmaßen. Letztere bieten wahrscheinlich die besten Anzeichen für Verspannungen. Es gibt hierbei allerdings beträchtliche individuelle Unterschiede.

Typische Verspannungen:
Stirnmuskeln: Bei mentaler Anspannung und Konzentration.

Nacken-, Kinn-, Unterarmmuskeln: Unterdrückung willkürlicher oder unwillkürlicher Bewegungen („sich-beherrschen"), Anstemmen gegen Druck von außen.

Generelle Muskelanspannung: Allgemeine unspezifische Handlungsbereitschaft.

Muskelspannung ist ein wesentliches Streßsymptom.

zu 2:
Zunahme des Herzschlags und des Herzschlagvolumens ist ebenfalls ein wichtiges Symptom für Streß- und Notfallreaktionen.

zu 3–8:
Starke Erregung geht einher mit starken neuronalen Impulsen. Diese können zu einer Störung der Gesamtfunktion des Gehirns bzw. des Nervensystems führen. Dadurch kommt es unter Erregung zu Zittern und anderen bekannten Erscheinungen.

zu 9–11:
In Streßsituationen neigt man zu einfachen, »konsequenten« Lösungen. Man spricht Strafen aus oder droht mit ihnen. Eine pädagogisch oder anderweitig durchdachte Lösung kommt nicht zustande.

Die Wahrscheinlichkeit des Vorliegens einer solchen einfachen Lösung ist dann am größten, wenn man immer wieder zu den selben Reaktionen auf Problemverhaltensweisen neigt.

Wird man mit dem eigentlichen Problem nicht fertig, neigt man in hoher Erregung dazu, auf Nebensächlichkeiten zu reagieren. Z.B. übersieht man stark problematisches Verhalten eines Kindes, wendet sich aber einem anderen Kind zu, das eine winzige Auffälligkeit zeigt und kritisiert dieses.

Oder aber man konzentriert sich lediglich auf Form, Ausdruck und Art von Verhaltensweisen oder Äußerungen, ohne sich mit dem eigentlichen Problem zu beschäftigen.

Bisweilen kommt es zu regelrechtem Vermeidungsverhalten. Statt sich um die Lösung des eigentlichen Problems zu kümmern, flüchtet man sich in angeblich wichtige Akteneinträge, Telefonate, Wäschefalten etc. Letzteres kann aber durchaus bisweilen sinnvoll sein, da man dadurch verhindern kann, unter Erregung falsche Entscheidungen zu treffen.

Bei hoher Erregung kann es zu einer Diskrepanz zwischen Handlungsimpuls und situationsangemessener Handlung kommen. Ist man frustriert, neigt man u.U. zu körperlichen Aktionen, wie Schlagen etc. Als Pädagoge darf man so etwas aber nicht. Man erwartet von ihm professionelle „pädagogische" Reaktionen. Der Schlagimpuls muß unterdrückt werden oder aber wird an einem Objekt ausgelassen, das man ungestraft oder ohne Angst vor heftigen Reaktionen attackieren darf. Ggf. sucht man sich ein Ersatzobjekt – einen Sündenbock.

zu 12:
Emotionen führen zu Reizselektion. Ist man wütend, stellt es eine natürliche Reaktion dar, sich auf die Bedingungen zu konzentrieren, welche die Wut auslösen und zu versuchen, diese Reize auszuschalten.

Pädagogisches Ziel ist es aber in der Regel nicht, jemandem zu schaden, aus Rache oder sonstigen Motiven heraus, sondern dem Kind zu einem angemessenen Verhalten zu verhelfen. Dies aber ist kein unmittelbar wahrnehmbarer Stimulus, sondern ein abstraktes Ziel, das in der Ferne liegt. Es ist somit – unter Erregung – nicht handlungsrelevant.

Dauerstreß kann sogar zu einer allgemeinen Neigung führen, überempfindlich und stark auf bestimmte Reize zu reagieren.

In hoher Erregung neigt man zu heftigen, extremen Reaktionen. Man hat dann den Wunsch, hart durchzugreifen, die „Leute auf Vordermann" zu bringen oder aber harte Strafen auszusprechen.

Eine differenzierte Beurteilung der Situation ist unter hoher Erregung nicht mehr möglich. Man sieht, wenn man auf jemanden wütend ist, eher das Negative. Dies wiederum verstärkt die Wut oder bietet Rechtfertigung für das eigene, möglicherweise feindselige Handeln.

Dies kann sogar so weit gehen, daß man sich eher an Tatsachen erinnert, die mit der momentanen Gemütsverfassung übereinstimmen. Ist man wütend auf ein Kind, wird man sich überwiegend an negative Erlebnisse im Zusammenhang mit ihm erinnern und umgekehrt.

Unter Streßbedingungen und bei Aufregung neigt man zu blindlings wirkenden „Primitivreaktionen". Man spricht hier auch von „Denkblockaden". Dabei werden reflexartige, einfache, eindimensionale Lösungen ohne Überlegung realisiert. Über Nebenwirkungen oder Folgen einer Reaktion wird nicht nachgedacht, z.B. daß Einengung der Freiheit als Strafe zu neuen Spannungen und zu Versuchen führt, auszubrechen. Auch wenn man sich dieser Tatsache im akuten Falle bewußt ist, kann man kaum etwas dagegen tun.

„Professionelles" Verhalten wird unter solchen Bedingungen nicht gezeigt. Die Reaktionen sind identisch mit denen von Laien.

zu 13:
Manche Menschen neigen unter Streß zu besonders punitiven Reaktionsmustern. Der Umgebung – Menschen, wie Umständen – wird Schuld zugeschrieben, sie werden abgewertet etc. Es handelt sich dabei um ein wenig effektives Problemlöseverhalten.

zu 14:
Der harmonische Sprechfluß ist bei Erregung oft gestört. Man neigt zu Wiederholungen, grammatikalisch auffälligem Satzbau, Stottern, Stammeln und Sprachverzögerungen.

zu 17:
Unter starker Erregung unterscheiden sich die Verhaltensweisen von Erwachsenen, Kindern und sogar Tieren oft nur graduell oder im Prinzip überhaupt nicht.

Man spricht deshalb von „Regressivem Verhalten". Im einzelnen kann es zu folgenden Symptomen kommen:

- Passivität
- Schreien
- Mit dem Fuß aufstampfen oder mit der Faust auf den Tisch schlagen
- Wegrennen
- Benutzen einfacher Problemlöseverhaltensweisen, an die man gewöhnt ist und die u.U. eigenes kindliches Erleben widerspiegeln (man ist als Kind selbst ausgeschimpft, geschlagen etc. worden).
- Sturheit
- dickköpfiges Schweigen, nicht mehr mit jemandem reden wollen u.ä.
- Gebrauch von Schimpfwörtern, Drohungen etc.

zu 18:
a) Ist mit einer gewissen Wahrscheinlichkeit auf Adrenalinausschüttung zurückzuführen. Diese tritt in erhöhtem Maße dann auf, wenn man unsicher ist und nicht so recht weiß, wie man mit einer Situation fertig werden kann. Ggf. kommt es sogar zu einer Verringerung der Kontrolle über das eigene Handeln.

b) Steht eher in Verbindung mit Noradrenalinausschüttungen und versetzt den Organismus in einen Zustand wachsamer Bereitschaft, ohne daß es zu einer Störung des Handlungsvermögens kommt.

Anhang 2
Der BEVA-Kreis

Die Bewertung eines Ereignisses ist weitgehend Ursache für unsere Emotionen :

B = Bewertung eines Ereignisses
E = daraus resultierende Emotion
V = daraus resultierendes Verhalten
A = mögliche Auswirkungen aus B, E und V.

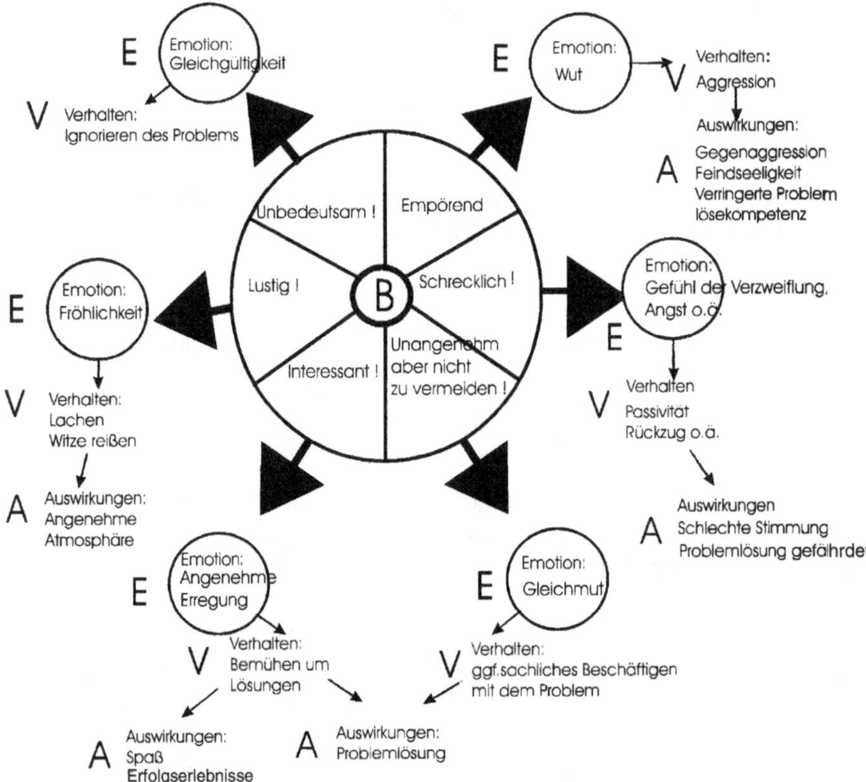

Wie bewerten SIE die Situation, die Sie beunruhigt oder in Erregung versetzt? Orientieren Sie sich am BEVA-Kreis. Sie können natürlich auch andere für die jeweilige Situation zutreffende Bewertungen einsetzen. Der Kreis dient nur zur Orientierung und als Beispiel. Versuchen Sie in jedem Falle auch mögliche Alternativbewertungen zu finden und über ihre eventuellen Auswirkungen nachzudenken.

ÜBUNG MACHT DEN MEISTER!

Anhang 3
Erregung – Steuerung und Nachbereitung (ERNA)

Beobachten Sie sich und Ihre Konfliktpartner in akuten Konfliktsituationen möglichst genau.

Ziele:
1. Sammeln von Daten zur Problemanalyse und als Basis für Konfliktlösetrainings
2. Kontrolle eigener Lernerfolge und Verhaltensänderungen beim Konfliktparter
3. Entautomatisierung von akuten emotionalen Kreisprozessen.

Machen Sie die Aufzeichnungen möglichst in der akuten Situation, spätestens aber unmittelbar danach!
- ➢ Erregungsniveau beim Kind/Jugendlichen
- ➢ Konfliktpartner
- ➢ Schätzen Sie den Grad der Erregung auf einer Skala von 0 bis 100 ein. Orientieren Sie sich dabei an der Grafik rechts. Beispiel: Ab 50 Grad setzt Kontrollverlust ein.

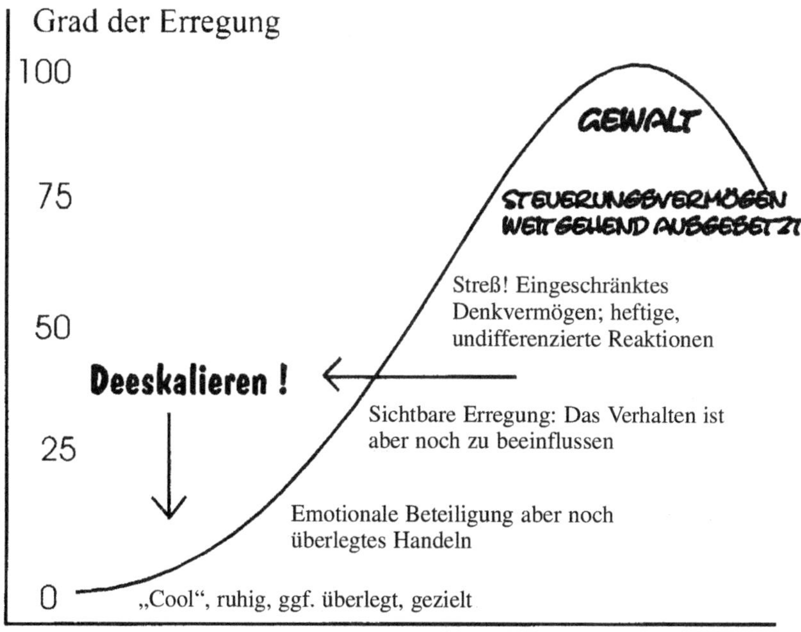

Dokumentieren Sie die Vorgänge mit beiliegendem Protokollbogen.

Ihr eigenes Erregungsniveau und Verhalten

Beobachten Sie Ihre Empfindungen, Erregungsniveau und Verhaltensweisen parallel zu oben. Bewerten Sie zusätzlich in Anlehnung an den BEVA-Kreis auf der Rückseite jeweils die Situation.

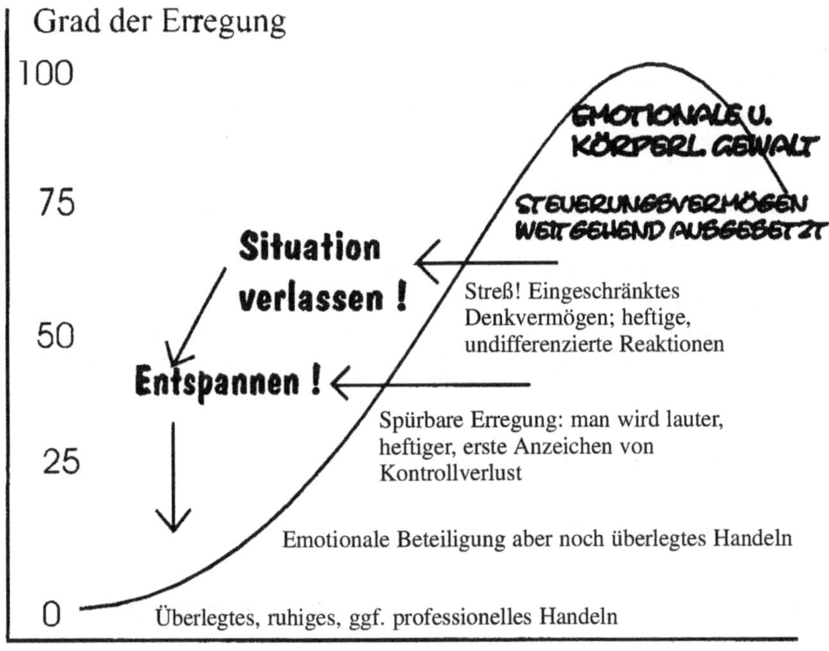

Dokumentieren Sie die Vorgänge mit beiliegendem Protokollbogen !

Erregung – Steuerung und Nachbereitung (ERNA) Beobachtungsprotokolle

Zeitangaben bitte minutengenau (z.B. 8.39)!

Wie verhält sich Ihr Konfliktparter/Kind/Jugendlicher?
Bei Platzmangel Raum unten benutzen oder Anlage erstellen!

Datum: Konfliktpartner:		Symptome: Ausdruck, Verhalten, Sprechweise etc. Hilfe: Fragebogen SEPP des ABPro	Welche Auslöser/Gründe sind zu vermuten?
1. Erste Anzeichen von Erregung	Zeit: Grad:		
2. Höchster Grad von Erregung	Zeit: Grad:		
3. Beruhigung auf 25 Grad	Zeit:		Habe **ICH** das bewirkt? Wodurch? (ggf. Bezug auf ABPro Typ B)
4. Völlige Beruhigung	Zeit:		Aufarbeitung? (Ggf. Bezug auf ABPro)

Bemerkungen und Ergänzungen:

Wie verhalten Sie sich selbst?

Bei Platzmangel Raum unten benutzen oder Anlage erstellen !

Datum: Wer ist noch beteiligt?		a) Symptome: Wie oben. Hilfe: Fragebogen SEPP des ABPro b) Welche Auswirkungen hat mein Verhalten/Ausdruck	a) Wie bewerte ich die Situation b) Alternative Bewertungen Hilfe: BEVA-Kreis des ABPro !
1. Erste Anzeichen von Erregung	Zeit: Grad:	a) b)	a) b)
2. Höchster Grad von Erregung	Zeit: Grad:	a) b)	a) b)
3. Beruhigung auf 25 Grad	Zeit:	a) b)	a) b)
4. Völlige Beruhigung	Zeit:	a) b)	a) b) c) Was habe ich gelernt?

Bemerkungen und Ergänzungen: